酸葡萄效应

为什么总有人莫名其妙地讨厌你

他人を引きずり
おろすのに必死な人

[日]榎本博明——著

陈雅婷——译

天津出版传媒集团

天津人民出版社

图书在版编目（CIP）数据

酸葡萄效应：为什么总有人莫名其妙地讨厌你 /
（日）榎本博明著；陈雅婷译. — 天津：天津人民出版
社，2019.8
　　ISBN 978-7-201-14979-0

Ⅰ.①酸… Ⅱ.①榎… ②陈… Ⅲ.①人际关系学
Ⅳ.①C912.11

中国版本图书馆CIP数据核字（2019）第147979号

著作权合同登记号：图字02-2019-155号

酸葡萄效应：为什么总有人莫名其妙地讨厌你
SUANPUTAO XIAOYING: WEISHENME ZONGYOUREN MOMINGQIMIAO DE TAOYAN NI

出　　版	天津人民出版社
出 版 人	刘　庆
地　　址	天津市和平区西康路35号康岳大厦
邮政编码	300051
邮购电话	（022）23332469
网　　址	http://www.tjrmcbs.com
电子邮箱	reader@tjrmbs.com
责任编辑	陈　烨
策划编辑	张　历　于平平
装帧设计	尚世视觉
制版印刷	天津旭非印刷有限公司
经　　销	新华书店
开　　本	880×1230毫米　1/32
印　　张	7.25
字　　数	135千字
版次印次	2019年8月第1版　2019年8月第1次印刷
定　　价	45.00元

目 录
CONTENTS

第一章
CHAPTER ONE

人为什么会幸灾乐祸
——将自己的快乐建立在他人痛苦之上的心理学

第二章
CHAPTER TWO

"枪打出头鸟"的社会现状
——"随大流"的日本社会所催生的强烈嫉妒心

第三章
CHAPTER THREE

为什么关系很好的人会性情突变?
——潜伏在身边人心中的"嫉妒"与"攻击性"

第四章
CHAPTER FOUR

别沉醉于被他人吹捧的优越感中

——9种常见危险人群

第五章
CHAPTER FIVE

对恶意攻击行为不可温柔相待
——面对危险之人的对策

第六章
CHAPTER SIX

重度沉迷智能手机将会摧毁你的"理性"
——助长病理的网络社会

PROLOGUE 序章

"仗着自己受欢迎，心里飘飘然了吧。"

"没救了。"

"不如把精力多放在自己的分内之事上。"

每当某个艺人或政客的丑闻曝光，网络上就会有一群人生龙活虎地跳出来，两眼发亮，言辞犀利。人们很容易通过他们的话语识别出其中蕴含着的攻击性，体会到那些流言蜚语背后的深深恶意。

事实上，有不少人正被这些没来由的恶意攻击搅得苦不堪言。

譬如某个上班族A最近很困惑，自己工作进步很快，频得上司表扬，可与此同时，一直对他关爱有加的前辈却突然与他疏远起来。若只是态度冷淡倒也罢了，没想到对方开始堂而皇之地与他为敌，如故意不告诉他工作上重要的通知，或是在他正忙得焦头烂额时非要支使他去做一些琐碎小事。

又比如某位中途跳槽到外资企业上班的B。在他初入公司时，有个热心的同事告诉了他很多提高工作效率的方法和技巧，从而大大提升了他的工作能力。但就在一年之后，当他凭借自己的能力在这家"不看年龄，只讲业绩"的公司里获得晋升的时候，那位热心的同事突然转变态度，对他处处刁难，他大受打击，只好请假在家休整。

还有一位同事C，也是受害者之一。她赶超一位比她年长的男性前辈，率先晋升为公司管理层。脚踏实地、凭着出色的业绩一路走来的她却听到谣言，说自己是"公司迫于《女性活跃推进法①》的压力，不得已才提拔来的"。同时，向来很配合她工作的男同事们也纷纷变脸，使她的工作一再受阻。就连一直一起吃午餐的行政岗女同事们对她的态度也一冷再冷。她感叹道："早知道事情会变成这样，我还不如不晋升，最起码能工作得舒心一些。"

生活中有上述经历的人，应该不在少数。而这种"拉人下马"的心理并不仅仅表现在职场。

譬如，有一位母亲最近发现"妈妈友②"们对自己的态度很奇怪，不再像从前那样友善、和睦，于是她直接询问了自己的好朋友。结果得知，"妈妈友"们盛传自己"仗着自家孩子成绩好，自鸣得意"。这位妈妈对此传言深感意外，她完全不明白自己何时成了大家口传的样子。在朋友的提示下，她仔细回想，一切似乎是自家孩子在补习班里取得优异成绩之后才开始"变味"的。这让她感到非常

---

① 《女性活跃推进法》：日本政府在2016年4月1日起实施的法律，规定大企业有义务为女性录用、升职制定行动计划，要求企业制定录用女性的比率、管理层中女性占比和男女薪金差异等方面的行动计划，并根据自身实际情况落实并改进。

② 周围已生育了孩子的妈妈们渐渐集合而成的圈子，其成员被称为妈妈友。

伤心，并坦言："和她们打交道真的丝毫不能大意。"

又比如，有一位太太在自己的社交网站上分享了一张全家出游的照片，结果一些平时交往密切的邻居就在底下回复道："丈夫会赚钱真好啊""我都快记不清自己家到底有没有一起出去旅行过了"之类的酸言酸语。随后，邻居们对这位太太的态度就变得莫名其妙，她不禁猜测："背后一定传得很难听吧。"

日常生活中，人们难免会遭遇人际关系突然崩塌的情况。而令人感到不可思议的是，这些如同洪水猛兽般的"恶毒言语"通常出自往日里曾经是自己备感亲密、委以信任的人。一朝被蛇咬，十年怕井绳，许多人因此久久不敢信任他人。

那么，究竟为什么会有这么多恶意揣度他人的人呢？

详细的缘由会在本书正文予以解释，但一言以蔽之，就是因为有很多人不满足于自己现状，从而对他人产生恶意攻击。

生活中，很多人工作只是为了赚钱生存，而不是施展自己的才华，或者去做自己喜欢的事。巨大的生存压力搅得人们心中的不满情绪风起云涌，觉得自己的本性被压抑，难以适应真实的社会。而在如此情感中长驱直上的，便是习惯性地恶意去揣度身边的人和事。

那么，为了不招惹到暗藏此种危险冲动的人，我们该注意些什么呢？

想要在这样一个世界中突出重围，我们又该怎么做呢？

这本书便是为了解答这些疑问。

等你察觉到自己好像被他人锁定成了"恶意攻击"的目标时再考虑对策，很抱歉，已经太迟了。所以，如果有人能通过阅读本书，敏锐地捕捉到些蛛丝马迹，从而及早采取正确的应对方式，那就太好了。

识破你身边习惯性以恶意攻击他人的人

阅读开始前，先让我们来做一个趣味测试：

◎在新公司第一个向你搭话

◎对你评价极高

◎讥讽他人的过失

◎自己出错受到指责时，就会暴怒

◎总是说"反正我这种人……"

◎家庭生活似乎不太如意

◎一意孤行，不接受他人意见

◎在你忙得不可开交时，对方还硬要你"给他5分钟时间"做一些不重要的事情，一旦拒绝，便遭报复

◎当你去鼓励受挫的他们时，他们却反咬一口："你开心了？"

◎如果不对其奉行及时报告、及时联络、及时商量的"三及时"政策，对方就会生气

◎私底下总是在抱怨

◎上班路上，曾经在电车上突然发怒

请数出YES的数量……

1~4个 —— 目前没什么危险性。

5~8个 —— 根据你的态度不同会有性情突变的状况，请谨言慎行。

9个以上 —— 不动声色地和他保持距离吧。

第一章

人为什么会幸灾乐祸

——将自己的快乐建立在他人痛苦之上的心理学

不幸灾乐祸就浑身不自在

艺人Becky[①]和已婚的极度卑劣少女乐队主唱——川谷绘音的地下恋情败露，一时间遭受了舆论的猛烈抨击。

然而，单纯的婚外恋曝光事件也许还不至于掀起如此轩然大波，问题在于两人在LINE[②]上的聊天记录被扒了出来。从聊天内容看，这两人似乎丝毫没有悔过的迹象，甚至还盘算着将错就错。因此，大众对两人发起了

---

① Becky，原名Rebecca，日本女星，英日混血（父亲是英国人，母亲是日本人），身兼主持人、演员、歌手多职。

② LINE，中国引入时译为"连我"，韩国互联网集团NHN的日本子公司NHN Japan推出的即时通讯软件，在日本使用甚广，与国内的微信类似。

猛烈攻击。

两人的LINE聊天记录显示，Becky打算"一口咬定是朋友关系"，而川谷回应"这搞不好反而是个公开的契机"，接着Becky附和"我也这么想"。

川谷："谢谢你，文春[①]。"

Becky："让地下恋情转为公开了，如此而已。""感谢你，文春！"

川谷："真该谢谢它。"

Becky："Sentence Spring！"

上述对话被《周刊文春》曝光，Becky的那句"Sentence Spring"也成了流行语。所谓"Sentence Spring"，其中的Sentence = 文，Spring = 春，因此整个词组便是"文春"的意思。

在这段对话当中，看不出两位当事人一星半点的反省之意。

因此，许多人觉得："你们偷了情，表面上老老实实的，背地里却打算将错就错，还说出这么荒唐的话，不可

---

① 《周刊文春（しゅうかんぶんしゅん）》，日本著名明星娱乐杂志。

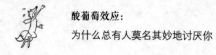

原谅！"

　　一时间，抨击之语如狂风暴雨，引起巨大骚动。然而，仔细想想，出轨的两人和自己根本毫无交集和瓜葛，何至如此？本来，对方是娱乐圈的人，和普通人完全处于两个世界。这世上芸芸众生，许多人的伦理观念也许与自己并不一致，真的有必要为一个陌生人气成那样吗？发表抨击言论的人竟执着至此，他们真的冷静吗？真的是为伦理道德而战吗？很难想象。那么，盘桓在他们心中的，究竟是怎样的心理在作祟呢？

开心的笑脸令人恼火

我曾和情绪波动剧烈的学生们有过交流，其中有部分对话揭露了他们在情绪难以自控的情形下汹涌的心声：

"看到他们乐在其中的样子就觉得很恼火，至于那么开心嘛！"

"我讨厌游乐园，因为那里面灿烂的笑容太多了。"

……

这些话里潜藏了深沉的阴暗心理。

很多人看着他人开心的笑脸，会不由自主地想要与他们进行对比。而那些幸福的神色会将他们凸显的既卑怯又暴躁，直至产生暗黑心理。

在互联网上，类似的心理现象屡屡出现。

比如，模特蛯原友里顺利产下了一名男婴，晋升为妈妈。不久前，她在自己的博客里写道：

"曾经在我肚子里的婴儿现在躺在我怀里，看着他熟睡的脸庞，我总会觉得自己被爱意和从未体验过的幸福感所包围。当然，有时也会被他突然的哭闹声惊吓。总之，每一天都体会着感动。"

而看了这篇博文的人们则接二连三地在底下留言批判：

"也就是说，不生小孩的女人就不能幸福是吗？"

"生了孩子就开始鄙视不生小孩的女人了吗？"

……

很显然，这些言论背后都蕴藏着一颗颗嫉妒心。

但是，话说得如此难听，其背后的心理，单凭"嫉妒"两个字是没有办法全盘解释的，这其中一定包含了一些别的想法。而正是那些"别的想法"使得他们将"凝望着怀中的婴儿总会感到幸福"这句别无深意的话曲解成"不生小孩的女人就不能幸福"这种攻击性言论。这种心理带有强烈的投影意味，是批判者将自己心中的负面想法影射到了别人身上。也就是说，言论中体现出的这种攻击性，其本质不正是批判者自身心中所持有的东西吗？

无法容忍别人获得幸福。

比起自己的幸福，更希望他人不幸。

在这当中，究竟潜藏着怎么样的心理呢?

对不伦话题异常感兴趣

由于出轨丑闻而被媒体编导们敬而远之的矢口真里久违地出现在了日清食品的商业广告上。

然而，就在广告推出一周之后，日清发表了致歉声明，说该广告"包含了令人不快的表现方式"，并很快终止了广告投放。据称，日清之所以这么做，是因为该公司收到了大量的观众投诉。受到非难的是日清食品的拉面广告短片《傻瓜大学（OBAKA'S UNIVERSITY）》。短片中，矢口真里化身危机管理权威、心理系副教授，告诫学生"逐二兔者不得其一"。

观看日清的这则广告，不难看出，短片化用了矢口的出轨丑闻以制造舆论效果，此举招致了民众集体对其进行批判。日清公司在致歉声明中所说的"令人不快的表现方式"，大概意指的是观众"明明应该好好反省自己，没想到她却顺着杆子向上爬，把过错当笑料大谈特谈，既轻率又无耻"的心理。

还有休陪产假的议员，其外遇问题也曾掀起了大肆讨论。

众议院议员宫崎谦介主张"国会议员也应享受陪产假"并亲身休假陪产，此举塑造出一个支持育儿事业的亲民形象。然而，妻子产期将近，他却与一位过气女艺人暗地私通，地下恋情很快被周刊杂志曝光。因此，刚取得陪产假，他便被国会辞退。

网民们又借此发表了严厉的声讨："支持男性休陪产假、鼓励他们参与育儿，把这种主张作为自己的卖点，却在妻子待产时出轨，这像什么话？""休陪产假只是为了推销自己，装装样子吧？"

商业广告拿婚外情大做文章、令人不快，民众批评这样的广告，认为它们不该播出，情有可原。同样，表面上支持男性参与育儿，背地里却不把家庭放在眼里，这种男人也确实不可救药，愤而指责他们把群众当傻瓜

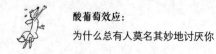

也很在理。

然而，这之中有一些人其实并非出于维护伦理道德而发声。只是源于他们内心中想抨击名人、使之一败涂地的欲望异常高涨而已。他们喜欢看狗仔杂志或八卦节目也并非出于伦理道德观念，完全是为了满足自己的某种邪恶念头。这种心理的背后，不得不令人感觉到有一些具有强烈攻击性的东西存在。

此类事件中，就算当事人明显理屈，大众的议论声中也总飘浮着一种快感，仿佛大家都沉浸在攻击他人的快意当中。这令人不由觉得，此类报道总会唤起一类人内心的攻击冲动，从而对他人恶语相向。

揪着他人犯的小错误不放

经营顾问肖恩·麦克阿德尔·川上（通称Sean K)①，曾担任"特讯②"和"报道STATION③"的评论家,其学历造假事件受到民众的广泛关注，引起了不小的轰动。

肖恩除了在电视节目上担任评论家外，还曾以著名顾问的身份在经济界和各大学演讲，获了很高的人气。谁也

---

① 肖恩·麦克阿德尔·川上，Sean McArdle Kawakami，本名川上伸一郎。2016年3月被《周刊文春》曝出其学历造假。

② 特讯，とくダネ，指日本电视节目「情报プレゼンター とくダネ！1999年4月1日起在工作日由富士电视台放送的清晨综艺节目。

③ 报道STATION，报道ステーション，节目播放时和节目标志上使用"报道STATION"，是日本朝日电视台及其ANN联播网于周一至周五22时档直播的综合性新闻节目。

未曾质疑他的学历，而正因如此，造假事件一经揭露，便引发了人们的热切关注。

该事件是《周刊文春》率先报道出的，根据报道所言，肖恩已经承认了自己学历造假的行为，也承认哈佛商学院MBA、巴黎第一大学留学等漂亮的经历都是假的，其本人仅有日本高中毕业学历而已。由此，肖恩主动站出来向民众道歉，并停止了公共活动。各大节目组将他雪藏，本已确定聘请他担任主要讲解员的大型报道节目也撤回了橄榄枝。

无独有偶，东京奥运会徽抄袭门同样引起了不小的骚动。

设计师佐野研二郎的设计图案获得日本奥委会的青睐，被选为2020年东京奥运会徽，却被指"与比利时列日剧场的标志相似，是为剽窃"。该标志的原作者也向日本奥林匹克委员会呈送了请求文书，要求其停止使用当前奥运会徽。

由此，剽窃疑云浮出水面，佐野撤下作品，东京奥运会徽也被弃用。而在此期间，互联网上掀起了"扒皮"热潮，热心网友们搜索出了所有能找到的佐野设计作品，在其中拼命搜寻剽窃的影子，一时成为话题。

"这个设计和那个设计很像，肯定是抄袭的！"

诸如此类的留言相继出现。

与这次抄袭事件相关的推特①每天都有数千条诞生，最多的一天甚至超过了一万条。随着事态发展，最终，佐野本人出面承认自己在大手提包的设计上挪用了他人创意。

学历造假与作品抄袭，这两者都是不光彩的经历，是不可为之的。因此，引起众怒也是情理所在。然而，仔细想想，这依然是"陌生人的问题"，何至于气愤到如此地步呢？

我们甚至可以想象到那些热心网友们坐在电脑前面拼命搜索的模样。他们投注在这件事当中的热情会不会远远超过了工作热情，甚至从这种行为中得到了某种不正常的情感满足呢？我们又是否能够以此断定，在这些抨击和揭露的背后，人们完全没有借由此种恶意对待他人的行为来获得快感，以扫清平日里积攒的愤懑的心理呢？

---

① 推特，Twitter，发源于美国的著名社交网站，国内微博便是仿照推特的形式而制作。

就算鸡蛋里没骨头，也要硬挑出根骨头来

除了丑闻，他们同时也热衷于找茬。

达比修的前妻——女星纱荣子对灾区熊本的捐献行为也曾引发了一众网友的热议。

原来，纱荣子向灾区捐赠了5000万日元，并在博客上晒出了汇款单的照片，引来人们狂风暴雨般的抨击，说她"伪善""沽名钓誉"。

捐了款还要特地在博客上晒出汇款凭证，金额也写得一清二楚，这事确实做得有些欠妥，似乎是想广而告之自己的捐款行为。虽然捐款者的本意并非如此，但这种行为确实有些讨人嫌。因此，群众的过激反应也是可以理解的。

　　但是，就算这是伪善，是沽名钓誉，她捐了钱总比没捐钱对灾区更有帮助。

　　5000万日元如此巨额的捐款，不管捐献者的意图是什么，其总归是帮到了灾区人民。从这个角度来说，捐款者的捐款目的究竟是怎样的，都不应该成为这场捐赠事件的决定性因素。大家非要执着于这种行为的"不可饶恕性"，钻牛角尖，群起而攻之，就使这件事彻底变质了。

　　明明无关紧要，却还是忍不住加以非难，用恶意揣度人，冷嘲热讽，不觉得这样很有失风度吗？

　　为什么总是要站在道德的制高点去评判他人呢？

　　这种行为的背后究竟藏着什么样的心理动机呢？

习惯性地以恶意操纵人际关系

在互联网上遭受攻击不仅仅是名人的专利，我们普通人身边也有许多受害者。

日常生活中，时不时能听到有人抱怨公司内部发生的秘密事件被人写到了社交网站里，让人既困扰又无奈。一方面，有的员工头疼自己的私事被当成了大众闲聊的谈资；另一方面，也有管理层因坊间盛传对公司形象不利的流言而伤透脑筋。

这种常见的现象在心理学上被称为"关系攻击"。

所谓关系攻击，即是恶意操纵人际关系，比如散布谣言、歪曲事实以煽动不信任感、挑拨离间等行为。

随着智能手机的普及，人们可以时刻通过网络互相联系，便捷的网络服务为关系攻击行为提供了非常便利的条件。因此，在社交网站上，关系攻击可谓遍地开花。

然而，关系攻击并不单单存在于网络上。在职场中，我们同样会遇到来自身边同事的恶意攻击。如有人暗地里向上司打小报告，抑或在他人面前搬弄是非，彼此间播下不信任的种子。职场的关系攻击中，其受害者通常是那些工作能力强，或者业绩好的人。

让我们来看几个具体的例子吧。

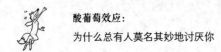

因升职而遭受他人冷遇

　　一个人得到晋升后，周围难免会充斥着各种议论声。而隐藏在其中最不和谐的声音，便是由嫉妒产生的恶评。

　　虽然日本有所谓"不做不齿之事"的美学，然而，依然难抵因妒忌而产生的攻击冲动。

　　T小姐是一位工作能力十分突出的职员，不久前，她因赶超同部门比她年长的男性职员，率先被提拔为管理层。结果，当公司发布T小姐的升迁通知时，台下便窃窃窣窣，响起了很多不友善的议论声。凭自己踏实苦干得到晋升机会的T小姐，却被说成是公司迫于《女性活跃推进法》的规定，为了平衡女性管理人员的比率，不得已把她提拔上去的。

　　因为这谣言，向来很配合她工作的男同事们不肯再与她合作，往日里经常与她共进午餐的行政岗女员工们的态度也一冷再冷。这令T小姐不禁觉得，与其受到如此嫉妒，还不如保持从前的样子，至少工作能快乐些。

　　职场生活中，与T小姐有过类似经历的女性不在少数。甚至还有的人在被提名为候补，距离晋升八字还没一撇的时候，关于她的恶评就传得满城风雨，导致公司怀疑她的管理能力有问题，晋升的机会也就因此打了水漂。

"凭本事说话"的公司也无法幸免于难

　　B先生跳槽到一家外资企业就职。刚进入公司时,他人生地不熟,全凭一位热心体贴的同事带着他,使他渐渐熟悉环境,融入公司。一年后,B先生凭实力在这家"不看年龄,只讲业绩"的公司里获得了喜人成果,不仅职位得到晋升,收入也急转直上。

　　然而,正当此时,那位热心同事对B先生的态度却骤然一变。他竟在公司里散播谣言,说B先生在工作上行事作风极其卑劣。之前那么亲切的一个人,说翻脸就翻脸,不得不令人感到恐怖。

　　这是一家崇尚实力的外资企业,情况尚且如此糟糕。可想而知,在一般的职场里,诸如此类的"放冷箭"行为更可以说是家常便饭。

再来看一个例子。E先生工作表现突出，因此被上司表扬。从那以后，一位向来对他关爱有加的老员工突然态度有了360度的转变。

譬如，当E先生虚心向他请教文件的填写方法时，对方竟冷冷撂下一句："这么简单的事情，你不会自己动脑子想啊？"随即扬长而去。换作是以前，这位前辈一定会耐心地为E先生讲解。因此，这不得不让人觉得，他是在故意冷落E先生。

这还不算。当这位前辈接到重要客户打给E先生的电话时，他竟故意拖到第二天才通知E先生，还搪塞道："不小心给忘了，对不住，对不住。"

还有，当上司委托他给E先生带话时，他也故意混入些错误的情报，导致E先生被上司臭骂一顿。在他不断"故意"地迫害下，E先生的工作频繁出错，现在已经被领导打上了"工作不认真、工作能力差"的标签。

被迫害到这个地步，不得不让人切身体会到嫉妒心的恐怖。

第三个例子。职员K运气好，业绩节节攀升，甚至赶

超了公司里一位比他年长五岁的老员工。不可避免地，K
遭到了这位前辈的刁难。

当K忙于制作客户需要的文件时，却硬是被这位前辈
支使去打杂，如复印厚厚一大摞文件这种耗时又不紧急的
工作。

还有更过分的，这位前辈自己在工作上犯了错时，反
而在上司面前诬陷K，说其没有告诉自己相关信息，才害
得自己搞错了。上司听信了这位前辈的话，因此对K的印
象一落千丈。

此外，还有这样的事情——K成功拿到了大额订单，
想到这多亏了这位前辈平日里给自己的各种建议，便特地
跑去感谢一番，没想到被对方吼了个灰头土脸："你是在
向我炫耀吗？不过是有了点小成绩，别蹬鼻子上脸的！"

自己明明只是想感谢一下这位前辈平日里的提携，为
什么会被误解成是在"小看他"呢？这令K十分不解。

其实，是因为这位前辈缺乏自信，总是怀疑自己能力
低下，进而刺激了他心中"受轻视的恐慌"。正因为这位
前辈心里充斥着"是不是在嘲笑我没能力啊""他肯定是
在耍我"之类的想法，所以才无法坦率地接受K的感谢之

第一章
人为什么会幸灾乐祸

语，反而坚信对方是在讥讽自己。

除此之外，若这些事发生在拥有高学历的员工身上，则分为两种情况。如果这位员工的工作能力不强，很不起眼，那他只会收到"学历那么高，能力却这么差，真可惜"之类的贬低。而反过来，如果他工作能力很强，周围人心里"受轻视的恐慌"就会受到刺激，从而将他列为攻击对象。

表面上和蔼可亲的上司却故意为难下属

最近有很多企业引进了一个名为"360度"的评价系统。该系统不光允许主管人员对某个员工给出考核，更是将老员工、同届同事、下属等人的评价也列入评价范畴。

很多公司领导透露，引进这个评价系统的初衷是考虑到主管人员对员工单方面的评价可能会有失偏颇，因此引入多方观点，以保证评价的公允性。然而，该系统的弊端同样也非常明显。关于这一点，第二章将进行详细解说。

对于上司来说，能力强的下属能有效协助他们的工作。但是，对于老员工或其他同事来说，能力强的人很容易变成他们嫉妒的对象，促使他们产生想要诋毁对方的冲动，由此给出与事实情况不符的过低评价。而对于不会威胁到自己地位的人，他们反倒会宽容姑息，给予虚高的评价。

　　这种人也许对自己的不恰当行为毫不自知，但潜意识中，他们已不可避免地被嫉妒之心激发出了攻击冲动。虽然他们知道此事不可为之，但心里"不能做"的意识越强烈，其潜在的攻击冲动便会愈加难以克制。

　　当前社会的年功序列制①崩塌，涌现了许多上司因嫉妒有才华的下属而故意为难他们的事件，而造成这一问题的根源就在于上司的不自信。拥有自卑情结的上司容易对有能力的部下产生竞争意识，认为他们"威胁到自己的地位"，因此便会试图诋毁他们。比如，他们在填写人事评价时强行寻找扣分项，又或者在与上层人员的集会中有意无意地透露下属的缺点，等等。如果上司足够自信自尊，就能够在一定程度上避免此类事情的发生。

---

①　年功序列制：日本的传统企业工资制度，基本工资随员工本人的年龄和企业工龄的增长而每年增加，且增加工资有一定的序列，各企业按自行规定的年功工资表次序增加。

施行扣分政策的职场很危险

在职场中，被他人"放冷箭"的事情时有发生。

比如，刚过40岁、在大型银行上班的M先生因工作出色顺利升职了。

升职后不久，M先生因为犯了一个小错误，公司里就传出了流言，其内容基本否定了M先生的整个人格。此前一直关系亲近的几个同事也突然像变了个人似的，对他冷淡至极。终于，M先生信任感缺失，呈现出抑郁症状，不得不因病停职，至今仍需进行心理治疗。

当然，此类事件并非仅发生在施行扣分政策的金融机构，在其他场合中，也常常听到有人被自诩关系亲密的同事攻击，因而大受打击的案例。

然而，还有比这更令人咋舌的案例存在。

再亲密的朋友也要保持距离

当事人是一位女性。

公司里一位要好的同事对她说："我想把××资格证考出来，促进自己的职业发展，所以从今天开始我想早点回去学习。"于是，这位女性就回答说："好啊，那我也得加把劲了，我们一起加油吧。"

两人约好一同努力，可不知为何，那位同事却频繁地邀请她下班之后一起喝茶、吃饭，而不是复习资格证考试。若是每次都答应她，自己的学习进度就跟不上了，因此，这位女性偶尔不得不拒绝同事的好意。结果，那位同事竟到处说她"好像想抢先晋升，最近很不好打交道"。

现实生活中，常常会听到有人抱怨，明明自己当对方是好朋友，不料竟被对方恶语中伤，难以置信。

明明是好朋友，却为何要做伤害朋友的事呢？

有的时候，正因为彼此走得近，才会刺激对方的攀比意识。脑内不断盘桓着"她那么积极，而我却不如她"之类的想法，于是便采取行动，试图把对方拽回与自己同等的水平。可能他们的本意并不是想去伤害或为难对方，只是想让对方可以跟自己保持在同一高度。

另外，还有人看到他人积极的文字便会消沉下去。这背后潜藏的心理也与前一个例子类似，都是攀比意识作祟，脑海里充斥着"好羡慕。比起他来我却……"的想法，从而陷入消沉。

支持妻子养家的丈夫容易性情突变

夫妻之间，也会有麻烦事发生。

譬如，有一位40多岁的家庭主妇，孩子已经长大成人，无须再劳心劳力，自己有了些空闲时间，便心生一念，活用自己的家政技能，做起了生意。当生意渐渐走上正轨，开始盈利时，丈夫对此是很支持的，说："用兴趣赚钱，很厉害啊！"然而，随着妻子的生意越做越红火，当她的收入超过了丈夫时，丈夫的态度便急转直下，说道：

"你稍微也管管家里的事啊！"

"我工作拼死拼活的，也累得要死啊！"

"为了养活家里，我就得一直忍着做自己不喜欢的工作。你倒好，越来越了不起啊！"

渐渐地，此类抱怨越来越多，两人经常为此发生争吵，夫妻关系产生裂痕。这位太太心里万分悲痛，她不明白为什么会变成这样。

前面看过的那么多事例，几乎都与人们的攀比意识脱不了干系。"禁不住与他人比较"——如果其中一个人变得优秀，心中就会出现极度自卑感，非要将对方拉到与自己同级别的地位才肯罢休。反之，便会心生恶念，恶语中伤对方。

带了孕妇标识却被陌生人恶语相向

为了使群众在公共交通场所能轻易辨识孕妇，方便其出行，孕妇标识牌①应运而生。然而，有些孕妇因佩戴标识牌而遭到他人挖苦，这让孕妇们陷入深深的困惑中，不知道到底该不该佩戴标识牌。

据报道称，许多准妈妈因为带了孕妇标识，便受到无端责骂："别以为你是孕妇就了不起了。"除此之外，更被爆料出孕妇被踢肚子、挨拳头等恶性事件。虽然真伪难

---

① 孕妇标识，日文 マタニティマーク，英文maternity-mark，指孕妇身上佩戴或携带的用以表明其正处孕期的标识牌。主要着眼于令人识别处于妊娠初期、单凭外观难以辨别的孕妇，使其能享受到特殊帮助，譬如电车、地铁专座。在日本，孕妇可以从各大轨道交通站点取得。

辨，但这些消息确实让准妈妈们感到十分不安。

当然，孕妇标识牌设计的初衷旨在呼吁人们自发地照顾特殊群体，因为孕妇若是不小心被人推了一把会很危险，这是事实。而"让座"本该只是人们响应呼吁、"自发照顾"的个人举动之一，和标识牌本身没多大关系。

然而现在，有些人却把这呼吁性质的标识牌与"强制让座"联系在了一起。虽然不排除个别孕妇仗势欺人的意图过于明显，但大多数情况下，这是否是这些人自身解读过度，以恶意去揣度他人而产生的不恰当的认知呢？

很多普通大众表示：下班回家，精疲力竭地走上地铁，好不容易等来了一个座位，想着终于能喘口气了，却一眼看到面前站着个戴了孕妇标识的准妈妈。

"我也很累啊！"

"好不容易才坐下了……"

心里埋怨不断，然而又有什么办法呢？对方是孕妇啊！于是不情愿地站了起来，"请坐"。这样的场景每天都在发生。

然而，抱怨的想法和挖苦人的行动是两个完全不同的概念。有些人钻了牛角尖，脑海里不断徘徊着富有攻击性的想法：你一个孕妇，能不能别专挑高峰期过来凑热闹啊！

而若是听到有人说她带着标识"就像在晒幸福一样，好不爽"……

再延伸一下，那些一直受不孕不育之苦的人们看到眼前有人带着孕妇标识晃来晃去，心中的负面情绪更是会一发不可收拾。

然而，这些人所谓的"晒幸福"难道不像是他们自己的妄想吗？不孕不育的人心里的"五味杂陈"，也正可谓是将自己的渴望投影到对方身上了吧。

通过上述事件，我们不难看出，羡慕别人羡慕得不得了，相比之下，自身情况就变得更加现实而残酷。看到对方比自己更受老天恩惠，心里便不由升起了攻击欲望。

因年轻漂亮而被"妈妈友们"恶意解读

攻击行为并不仅局限于职场之上，私人生活场合也有很多不同形式的攻击行为，这其中也包括了大家都有孩子、表面上和和睦睦的"妈妈友"圈子。

比如，有个年轻妈妈在PTA①里总是被安排做些麻烦的活，然而由于自己的年龄最小，圈子里个个都是前辈，所以她没法断然拒绝那些不合理的要求。渐渐地，不单PTA正式活动，就连年长的妈妈友们出去聊天喝茶，她也要驱车接送。这令她不禁感叹，自己只不过年轻了一些，

---

① Parent-Teacher Association，家长—教师协会。不同于中国传统的家长会，在PTA组织中，家长既是参与者，也是组织者，具有非常大的权利。

为什么就如此不被尊重呢？社区家长会也是如此。

总有人说："你那么年轻，应该能做到吧？"然后频频将一些力气活强塞过来。然而，就算自己将那些强人所难的活都做完了，依然会招致妈妈友们"不过是年轻漂亮了点，还到处显摆"的恶语声。妈妈友们的敌对意识真的太招人烦了。

这还仅是背后说坏话而已，有些时候，她们甚至当面都说得很难听。

曾有人试图跟对方搞好关系，结果对方却说："你在逗我吧？上过大学了不起啊？你真是太招人嫌了。"然而，当事者完全没这样的心思，听到这话反而被吓了一跳。

还有人无端被恶言挖苦："你天天穿着这么贵的衣服，想炫富啊？"当事人听后心里会感到十分苦闷，她不知道自己爱打扮怎么就招惹到了其他人。

通过上述事例我们可以看出，妈妈友们很容易对"年轻漂亮""学历高"的同伴心生嫉妒，从而孕育出攻击行为。

这些事例显示，与人接触时，我们难免会遇到被他人恶意解读的情况。如明明没小看人，却被指责小看了人。

明明没打算炫耀，却被指责炫耀、显摆。

这些其实都是"投影"这一心理机制造就的恶果。本概念将在下一节进行详细说明。

诋毁他人心理形成的主要诱因

所谓"投影"，举例来说，便是自己因嫉妒而产生了攻击情绪，却又不想承认这个事实，于是便把它当作是从对方身上看到的东西，认定抱有丑陋想法的是对方，从而产生的一种自欺欺人的心理机制。

这种机制有两个特点。

第一，不必承认自己抱有丑陋的攻击心态，因此便可以将过错全部推到对方身上。

第二，由此可责难对方心态丑陋，并以表面上极其正当的理由向对方发起攻击，用以发泄自己的攻击冲动。

从心理学层面来说，没有自信的人会为了保住自己在团体中的地位而拼命挣扎、不择手段。某些妈妈友们不恰当的行为很好地印证了这一点，因为她们总是捏造情报、打小报告、散播恶评、故意离间友情，等等。有的年轻妈妈明明什么都没说，却被谣传在某个场合说了某个不在场的人的坏话，莫名其妙就成了恶人，最终遭人孤立。这些事情的发生，其实都是上述心理机制在作祟。

再有，从认知平衡理论的角度来说，共同的敌人会促进集团的形成。基于这个理论，"妈妈友"的相处模式也是如此。她们通过制造共同的恶人，以酝酿出一种同仇敌忾的感觉。换句话说，所谓"敌人的敌人就是朋友"，正是这种心理。

但是，这类事若频繁发生在"妈妈友"圈子里，就会产生另一个很棘手的问题，那就是，小孩子也会被卷入"妈妈友"的纷争中。

比如，有些妈妈因为孩子成绩好，所以会被抱有竞争心理的其他妈妈们挖苦嘲讽。更有甚者，她们还会故意整蛊那些孩子成绩好的妈妈，譬如某个妈妈的孩子正集中精力准备升学考试时，其他无此困扰的"妈妈友"们却频繁向她发出集体活动的邀请。她如果答应，就无法监督孩子专心准备考试；可如果不答应，就会被"妈妈友"们四处散播恶评，说她依仗孩子成绩好，故意远离大家。

现如今，大家都被社交网络联系在一起，许多人为了稳定自己在"妈妈友"中的社交地位而费尽心神，生怕自己一个疏忽，就被人误解为忽视，从而受到攻击。

诋毁他人的心理在生活中十分常见。现在您知道，身处这样的一个社会中却对这种心理一无所知是一件多么恐怖的事了吗？从下一章开始，我们将观察一下习惯性诋毁他人的心理构造，以期避免您的人生被搅得一塌糊涂。

第二章

"枪打出头鸟"
的社会现状

——"随大流"的日本社会所
催生的强烈嫉妒心

同年龄就该同待遇吗？

为什么会有人恶意去诋毁他人呢？

首先，让我们考虑一下，为什么这种恶意去诋毁他人的心理在日本社会中如此显著呢？可以想见，这是因为日本社会的特征——"大家都一样"的意识过于强烈了。换句话说，就是"日本的平等主义"过于膨大。

举个例子，日本社会普遍认同"同龄人就该享受相同的待遇"。因此在学校里，原则上没有跳级，也没有留级。

教育本该因材施教才能发挥最佳效果，然而，若学校真的视能力高低进行分班，就会有人提出"分到差班的孩子们太可怜了"。

再说企业和政府机关，这些组织一直以来都奉行年功序列制，尽力避免同届员工之间的待遇差异。该行为背后也是"同时加入组织的人若待遇不同则为不公"的心理在作祟。

　　其实，这些制度背后，正是心理学上的"母性原理"在强力运作。

　　接下来让我们了解一下"父性原理"和"母性原理"。

　　1. 父性原理

　　父性原理的特征是"切断"机能。

　　这个机能将好与坏、强与弱、能干与没用明确区分开来。父性原理占优势的社会，比如欧美社会，非常注重每个人各自的能力、个性，以此区分每一个人。因此，能力低或是无成就的人会被很干脆地舍弃掉；学习不好的孩子会留级，再无改善就被劝退；工作上拿不出成果的人就会遭贬或辞退。如此说来，"父性原理"鞭笞着许许多多的人。这样的锻炼使人强大，但另一方面，无能之人也就失去了栖身之所。在这种社会里，能力低下抑或不思进取的人无论走到哪儿都会坠落至社会底层，造成极端的两极分化现象。

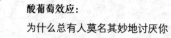
2. 母性原理

相对的，母性原理的特征是"包容"机能。

该机能不去区别好与坏、强与弱、能干与没用，而是主张将大家都一视同仁。母性原理占优势的社会，比如日本，便不会以某种基准去区别个体，也不会断然舍弃无能、无用之人。

因此，在母性原理占优势的日本社会，"大家都一样"的平等意识尤为强烈。在这种心理的同化下，大家不承认相互之间的能力差距，以致当有人成绩斐然时，其他人就很容易心生嫉妒，从而做出很多不体面的事情来。

日本人的"枪打出头鸟"心理

苏联时代，苏联共产党机关杂志《真理报》的特派员欧福钦[1]曾于20世纪60年代在东京生活7年。关于日本人避免由于竞争而产生优劣的行为，他曾有如下记述：

"日本人在避免露骨竞争这一问题上有着令人惊异的智慧。陷入竞争时，优势一方会尽量避免让劣势一方丧失颜面。"

"日本的小学生几乎不会回答自己班上谁成绩最好，谁是吊车尾。"

---

[1] 欧福钦（Vsevolod Vladimirovich Ovchinnikov，俄文 сéволод Влади́мирович Овчи́нников），著名汉学家、日本学家、作家、报纸评论家，苏联《真理报》记者，1953—1960年驻华，1962—1968驻日。

"日本的人力车夫之间有一条不成文的规定，那就是，若年轻车夫想要超到一位年长车夫的前面去，他不会直接行动，而是会改变行车路线，以避免让人看见自己比老前辈力量大、耐力强。

如此，在表面上尽最大努力避免露骨的竞争。而这种思维方式即使在现在也深深渗透于日本人生活的方方面面。"

——《樱：日本人是怎样的》①

随着西洋化的推进，日本虽然逐步转向竞争社会，可欧福钦提到的日本人的内敛心理表现，依然烙印在现代日本人的潜意识当中。比如说，日本人在取得比对方优秀的成绩时，为了避免尴尬，打照面时常常会自我贬低，强调这次只不过是"运气好"，而绝不会得意扬扬。

其实，这也可以说是受迫于大众的"从众心理"。

职场上也一样。若是有人获得了成绩就兴高采烈地四

① 日文原题《一枝の桜日本人とはなにか》，欧福钦原著，早川微日译，中公文库出版。

处宣扬，一定会被其他同事嫉妒。如此一来，恶评、冷箭便会纷至沓来。如果你升了职，那同事们对你的友好态度也就到头了，不知不觉中，你已四处树敌。

"枪打出头鸟"正是上述这种"因嫉妒而阴险"行为的绝佳代名词。说好了"大家都一样"，而"你却率先发迹，真是太卑鄙了"，因此便成了众叛亲离的"恶人"。为了避免成为他人的"眼中钉"，大家都亦步亦趋，生怕踏错一步就成了那只被枪指着的"出头鸟"，进而成为大家孤立的对象。

日本社会"从众心理"倾向严重，因此，能力越高的人，越容易陷入此类矛盾。

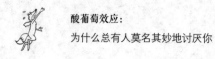

"大家都一样"的心理何以使人安心？

"我幸福吗？"

"我满足于现状吗？"

扪心自问，每个人在面对上述问题时都会心生疑惑。因为无论"幸福"也好"满足"也罢，这些都没有客观的标准。自己是不是幸福，仅凭观察个体享受是很难有所评定的。每当这时，"社会比较"便踏上了舞台。

社会比较，在心理学上是指个体将自身与其他人进行比较的行为。社会比较理论是由心理学家利昂·费斯廷格[①]

[①] 利昂·费斯廷格，Leon Festinger，1919—1989，美国社会心理学家，以其认知失调理论著称（1957年）。

提出的，他认为，人类倾向于评价自己的想法或能力。也就是说，人类渴望知道自己的想法是否正确、自己的能力到底如何。换言之，人类有"自我评价的欲求"。费斯廷格的理论指出，在现实缺乏客观评价标准的情况下，人类会利用他人作为评价尺度，以评价自身的想法是否妥当，或自己的能力究竟如何。这个现象已经被诸多实验所证实。

在日常生活中，人们会习惯性地去求助于"社会比较"。譬如去参加一个婚礼，会为包多少礼钱的红包合适而感到苦恼。因为这并没有一个绝对的标准。然而，没有标准就意味着一切都是未知的。包太多会显得很奇怪，而包太少又有失礼数，此时大多数人便会开始在意其他一同参加仪式的人都包了多少钱，然后以此数额作为自己包礼钱的标准。如此一来，便心安了许多。

给孩子零用钱也一样。世界上并没有一个标准规定父母给孩子多少零用钱才合适，因此给多少都是父母的自由。然而，如果零用钱给的太多就会宠坏小孩，而给的太少又显得孩子很可怜，如何掌握这个平衡便显得非常棘手。这时候，如果有数据告诉父母们"几年级的小学生平

均有多少零用钱"，父母就能参考这个信息找到些头绪了，
而这些数据大多会在父母与其他孩子的父母沟通后得出。
所以说，"社会比较"心理贯穿了我们生活的方方面面。

身边人的幸福何以令自己显得悲苦？

社会比较有时也被人们用来判断自己是否幸福。

我们通过与他人比较来判断自己是否幸福，或是否满足于现下的生活。

可以想象，如果被当作比较对象的"他人"显得非常幸福的话，自己就会显得十分悲惨。"和他比起来，我真是……"然后嫉妒心层层上涌。第一章所述的妈妈友们即是如此，她们之所以因心中风起云涌的嫉妒而将事情复杂化，便是彼此比较而造成的。

"那家的孩子成绩比我家的孩子好。"

"那个孩子升学考试很顺利。"

"她丈夫升职加薪了。"

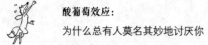

相比之下，"我家却……"

于是自我评价下跌，心里自觉悲惨，陷入深深的嫉妒之中。

若此人正好好胜心强、不甘落败，便会愤愤不平："凭什么我家孩子是候补，他们家孩子就被录取了？"抑或"凭什么他们家过得那么滋润？"如此，对抗之心便开始显现苗头。

倘若这种对抗心能激起自身斗志，使其勤学苦练，那倒算好事一桩。然而，大多数人们却往往在产生嫉妒之心后，费尽心思地去诋毁对方，或充满恶意的与对方相处。如此一来，就会影响与他人的正常交往，人际关系也将因此受到影响。

交朋友的目的是提升自我评价

无论是谁，若被他人评价为无用、无能，心里都会产生负面情绪，难以坦然接受。从大众的心理来看，大家都想让自己在他人心中保持高评价。这种倾向会影响着人际关系的方方面面。

心理学家泰瑟提出的"自我评价维护理论（self-evaluation maintenance theory）"认为，人们的行动有维持或提升自我评价的动机。通过研究发现，人们在与他人打交道时，存在着不同类型的自我评价的心理过程——"反映过程"和"比较过程"。人们会在此两者之间游移对比。

1.反映过程

"反映过程"是指人们受身边人的优越特征、成绩惠及，从而令自我评价上升的心理过程。换句话说，反映过程即是将自己等同于优秀人物，使自己与他们重叠，从而提升自我评价的一个过程。

举例来说，一个人的某位朋友或熟人成了万众瞩目的奥运选手，或是知名的电视嘉宾，这个人就会因为与他们熟识而感到自豪，想凭此到处炫耀。就算在其成名之前，自己与他们并没有什么来往，但在其出名之后，心理上也会对他们倍感亲近，而在这亲近之感中，自我评价也会相应提高。换句话说，这就是一个为了提高自我评价而在心理上缩短与成名熟人的距离的过程。

2.比较过程

相对的，"比较过程"是指与身边人的优越特征、成就相比较后导致自我评价降低，抑或因与身边人的缺点相比较导致自我评价上升的心理过程。

比如说，朋友因创业成功受到瞩目，而与之相比，自己却一事无成，因此不禁陷入消沉，自我评价也随之降低，这便是比较过程的典型表现。

　　反过来，若是目睹熟人工作不顺或项目失败，相较之下，自己似乎更有能力，于是在同情对方的同时，心中也获得了宽慰，自我评价随之上升，这是比较过程的另一类典型表现。

钟情于与条件不如自己的人士交际

　　现实生活中，"反映过程"和"比较过程"中的哪一个会发挥作用，则取决于当事人对问题特征或成就的关注度如何。

　　若一个人十分看重、关心引发比较的那个特征或成就，那么"比较过程"则更加容易运作。这时，与熟人的优越品质或成绩相比较会造成自我评价降低，因此当事人要么选择降低对问题品质、成绩的关注度，要么选择拉开与被比较人物的心理距离。

　　放到具体场景里，这会是怎样一种情况呢？

　　举例来说，希望受到异性追捧的人通常对身材、容貌抱有很高的关与度。这样一来，如果某个人身边有帅哥或者美女，就会容易触发其比较心理，使当事人认为和他们比起来，自己惨不忍睹，于是自我评价随之降低。因此，为了将自身打击降至最低，人们要么安慰自己"人不可貌相"，以此降低对身材、容貌的关注度，要么故意冷落参照方，以拉开与对方的心理距离。

只要心理距离拉远了，比较过程的唤起就会变得困难，如此一来，不用降低自我评价便可达到平衡心理的效果。

而像"那家伙不过稍微受欢迎了一点儿，有什么好显摆的"之类挖苦的话，则是自我评价降低、心理失衡后产生的更加"抵触"的一种心理。从另一个角度来说，也是人们为了防止自我评价降低而做的拼死抵抗。而人一旦出现这种心理行为特征，其与他人的交往过程就会带有攻击性。

酸葡萄效应：

为什么总有人莫名其妙地讨厌你

主动与优秀的人攀关系心理

与比较过程相对应的就是反映过程。通常来说，若问题特征、成就对当事人来说已不甚重要，那么"反映过程"将会被激活。这时，人们为了让自我评价上升，便会主动向有社会地位的朋友靠近，缩短自己与对方之间的心理距离。

比如说，你的一个朋友打进了全国棒球联赛，那么，如果你本身就立志成为职业棒球选手，比较过程就会被激发。这时，你就会觉得跟朋友比起来，自己实在是太不走运，因此导致自我评价降低。然而，换个身份，假如你是一个研究员，跟体育赛事没有直接的利益关系，那么，此时被激活的便会是反映过程。你会乐于向周围人炫耀"那个棒球选手是我朋友",从而在周围人的羡慕声中提升自我评价。

总有这样的场景,某人一朝功成名就,很久未曾联系的亲戚朋友一下子全跳了出来。其实,这就是他们的反映过程被激活,为了提升自我评价而采取的行动。

"反映过程"和"比较过程"甚至影响着人们的交友倾向,使人们在选择朋友时选择有利于维持自我评价的人。研究发现,人们在对自身有重要意义的领域,钟情于跟比自己差的人来往,而在自身不太重视的领域,则喜欢结交比自己优秀的朋友。

社交关系中的"积极错觉"

有的人总爱把"太狡诈了"这句话挂在嘴边。其实，之所以会觉得别人"诈"，通常来说，是其攀比意识在作祟。

打个比方，如果某个人中了10万元的彩票，有人就会抱怨："为什么他能中10万，我连1万都中不了啊？太狡诈了！"

中彩票这样的事，尚且有人觉得中奖者"诈"，那如果换作是包含人为因素的场合，譬如工作或恋爱关系中，人就更容易对他人产生"太狡诈了"的评价。

举例来说，身边某个同事因业绩出众而受到褒奖，这时，许多人的反应并不是奋发图强，反而是将自身问题束之高阁，然后通过言语攻击去批判对方。通常来说，在面对获得工作成就的同事时，一个努力的人，一定会被同事的成功所刺激，即便非常羡慕对方，也绝对不会恶语中伤该同事，而是通过其成功的方式吸取经验，提升自己。相反，若是一个懒惰的同事则会无视对方背后所付出的努力，反而觉得对方"太狡诈了"，并拼命找茬。

　　然而，人类并不是一贯理性的生物，大多数人常常被情感所左右，一不小心便会逃避自己不够努力的事实，将问题束之高阁，转身去批评成功人士。

　　当人们这么做的时候，他们常常不会意识到自己的过错，而人们之所以形成这种不恰当的心理，其罪魁祸首便是所谓的"积极错觉（Positive Illusion）"。

九成人深信自己"处于平均水平以上"

所谓积极错觉，是一种给自我以过高评价的认知扭曲。心理学家邓宁等人发现，大多数人都认为自己的各项能力、秉性均处于平均水平之上。

有一项以高中生为对象的调查显示，70%的学生深信自己的领导能力高于平均水平。反之，几乎没有人认为自己的领导能力在平均水平以下。

心理学家布朗和达顿发现，积极错觉同样存在于成年人之中。

通过定项研究发现，90%的管理人员认为自己的能力高于其他同事，而94%的大学教授认为自己的成就高于平均水平。

　　有人或许会问，积极错觉会不会是欧美等西方国家的人群所特有的呢？因为，相比较来说，西方人更热衷于表现自己。然而，事实并非如此。研究发现，尽管不像欧美社会那样极端，日本人同样也存在类似的心理现象。

　　而正是由于积极错觉的存在，人们才会觉得那些劳有所获的人"太狡诈了"。

背地里说人坏话，以填补受伤的自尊

生活中有人会对受到男性追捧的女同事斥以恶评——

"那些男人都被她装可怜、装纯情的小眼神迷晕了，其实那女的心里可神气了呢。"

"对啊，那女的相当不好惹啊。"

也有人会对业绩好的同事恶语相向——

"那家伙很会钻空子啊！根本没有什么真才实学！"

"就是，猖狂得很。"

"为了往上爬，什么马屁都敢拍，我可干不出来。"

小酒馆里，此类对话不时入耳。

当人们觉得自己被比下来了，或是与对方实力差距过大时，就会想要通过恶意诋毁对方来缩短与其之间的差距。认为只要向对方进行语言攻击，那么，即使不费心提升自己，也可以轻易赶超对方。

其实，勤于努力的人在类似事件里很少会通过言语攻击来提升自我评价，而更倾向于奋发图强。即使受人蔑视，抑或被人看轻，心里再不甘心也会摆正心态，凭借自己的力量重新站起来。然而，那些能力不足、没有胸襟、极尽懒惰性的人就只想着通过恶意攻击对方，来获得心理满足。可以说，不敢直视事实的散漫情绪正是恶意攻击他人的主要诱因。

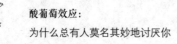
总觉得自己比他人优越，
其实是深深的自卑情结

个体心理学的创始者阿尔弗雷德·阿德勒[①]先生认为，自卑感是人类成长的源泉。也就是说，孩子们与成年人比较而产生的自卑感正是他们渴望长大的原因。

但是，阿德勒先生将"健全的自卑"和"自卑情结"明确区分开来。

[①] 阿尔弗雷德·阿德勒（Alfred Adler），1870—1937，生于奥地利维也纳，医生、心理治疗师，个体心理学派创始人。精神分析学派，反对弗洛伊德的心理学体系，由生物学定向的本我转向社会文化定向的自我心理学。亦为人本主义心理学的先驱、现代自我心理学之父，对后来西方心理学的发展具有重要意义。

阿德勒先生说，当个人无法接受自己在人格、能力等方面的弱点，出于自卑而逃避现实时，"自卑情结"便产生了。

阿德勒先生认为，一个人妄自尊大的行为背后常常蕴藏着自卑情结。

抱有自卑情结的人绝对不会承认自己自卑，更有可能的情况是，他们反而会开始条条列举自己比周围人优秀的特点，以此来隐藏自己的"真实属性"。面对这种性格特征的人时，与其正面交涉是没有用的，你只需通过仔细观察，就能很容易发觉对方是否具备自卑情结。

举例来说，如果发现某个人态度傲慢，且表现得十分刻意时，通常可以推测出此人就带有自卑情结，此类人因常常觉得自己被他人轻视，所以想通过情绪伪装来彰显自己。

谈话中，若发现对方总配有各种各样的肢体动作，通常可以推测此人认为自己的言论需要自身加以强调，才会被人重视（阿尔弗雷德·阿德勒《人生意义的心理学》[①]）。

表面上态度高傲的人，其心中都潜藏着不可告人的自卑情结。此类人容易对他人一句无心之言产生过激反应，因此非常棘手。

被人评价为"自尊心强、易怒"的人通常并不自信。比如，一个人自恃聪慧，但升学考试没发挥好，却又不肯接受这个现实，他便容易产生自卑情结。此时，如果在好友闲聊中有人顺口调侃了句"这你都不懂啊"或者"动动脑子啦"，此人便很可能把玩笑当真，并开始激烈反驳、攻击对方。

抱有自卑情结的人会把毫无恶意的玩笑曲解成对他们的讥讽。

①　日文书籍，原题《人生の意味の心理学》，阿尔弗雷德·阿德勒原著，高尾利数译，春秋社出版。

为何 "无法容忍那个笑容"？

我曾听到一个人恶狠狠地对另一个人说道："我无法容忍那个笑容！"

按理说，"笑容"应该是使人心情舒畅的，为何会无法容忍呢？其实，这和自卑情结有很深的孽缘。

再天真无邪的笑靥，在自卑情结严重的人眼里也像是"胜者的自得"，令他们觉得自己受到了蔑视。

而事实上，笑容本身并没有如此多的"寓意"，大多数人的笑脸纯粹是情绪舒畅的表现。比如在竞争中多方疏通，最终顺利取得订单，长舒一口气，觉得自己的努力得到了回报，因而露出了笑容。面对这种笑容，不是该奉上祝福吗？怎么反倒发起怒来，觉得人家自鸣得意、罪无可恕了？

在联谊会上，若是穿着得体，举止优雅而受到他人的赞美，任谁都会羞涩地露出笑容。然而，偏偏就有人钻牛角尖，觉得人家"显摆、恼人"，进而背地里说其坏话，或是当面刁难，做出攻击姿态。

对方不过是单纯地感到高兴而已，而在具有自卑情结的人眼中，那笑容就变成"胜者的自得"了，认知完全被扭曲，自然很难与他人和睦相处。

秉承着"那人不可信任"心理的上司

有的上司对于能干的下属所做出的成绩不但不会给予鼓励和奖励，反而会吹毛求疵，鸡蛋里挑骨头。下属手脚麻利地推进工作，他们却说其不顾实际情况，一意孤行。而对于较为愚钝的下属，他们却分外关照，很是宠幸，口头上抱怨对方是扶不起的阿斗，言行上却又对他们亲善有加，照顾周全。这是因为，愚钝的下属对于上司来说没有威胁。

这种情况下，必须要注意分辨，上司并非对自己的能力充满自信，所以才非常不安。

虽然职位较高，但上司也不是神，会有自己的短板，因此，他自然也就有技不如人的地方。如果上司认清并接受这个事实，他就会活用下属的强项，善加部署，稳步提升业绩。

然而，若上司拒绝接受这个现实，他便容易产生自卑情结，对于部下的无心之言、无意之举反应过激，认为对方自恃有才而轻视自己。

比如，对于那些独立思考去推进工作，且甚少叨扰自己的下属，上司就会觉得自己的意见不受尊重而心里怄气，进而有意无意向同事发牢骚："那人做事总是自以为是，很伤脑筋。"又比如，有一个擅长制作商业文件的下属，上司便恶意揣测对方在心里小看自己，便开始在其背后捅刀："那个人不能用。工作做得是快，但城府太深。"

若不摸透上司的这种不安心理就轻易与其对峙，很容易麻烦上身。要知道，上司的手里掌握着人事考核的生杀大权，如果被这一类上司盯上了，自己很可能会吃不了兜着走。

许多人羡慕职场强人，然而他们的境遇其实出人意料的悲惨。他们常常暴露在同事竞争心的狂轰滥炸之下，无意中还可能因触碰到他人的自卑情结而被大肆挖苦，抑或饱受流言中伤之痛，使自己的职业生涯充满荆棘。

　　这些都还不算什么，若是一不小心刺激了不甚自信的上司或老前辈的自卑情结，很可能会由此掉进意想不到的深坑里去。通常来说，自卑情结所孕育的嫉妒心和攻击性是异常棘手的。

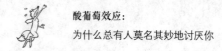

为什么职场强人爱分享失败经历？

也有一些事业有成、万众瞩目的人屹立神坛经久不衰，而这些人常爱谈及自己的失败经历。

为什么他们热衷于此呢？因为失败的经历具有缓和听众情绪的功效。

成功人士谈自己的失败经历后，听众得知他们也有缺点，便很容易产生亲近感，从而使心情得以放松，场上的气氛也得以缓和。尤其是知道了名士的"无可救药之处"，听众便可以借此"俯视"对方的笨拙，从而产生对方和自己一样，甚至自己可能比对方还强一点儿的想法，情绪因而得到缓和。

正因如此，能人异士们不可对自己的职场成就沾沾自喜、四处炫耀，而要多讲些糗事来强调自己的笨拙，彰显自己的平易近人。

曾有这样的事例。某人和同僚们一起吃午饭，席间，大家七嘴八舌地数落起自己的客户多么蛮横无理，多么令人生气。然而，此人却逆流而上，说自己的客户是个好人，非常友善，结果成为众矢之的，被狂轰滥炸："怎么，炫耀吗？你是想说自己深得客户信赖？"一顿攻击让当事人措手不及，慌忙招架。

即使是纯粹传达事实的话语，在没有自信的人们听来，他们会觉得你像是在炫耀。因此，仅仅停止炫耀是无法杜绝这种情况的。此时，人们常会祭出名为"失败经历"的法宝。

缺乏自信的人经常用以保护其自尊心的手段是"向下比较"。

拿自己跟比自己优秀的人物比较的行为称作"向上比较"，那么反过来，跟比自身拙劣的人物进行比较的行为便是"向下比较"了。

向下比较的行为能催生"我比他优秀""我更胜一筹"

的想法，从而保护自己的自尊心。若说自鸣得意的行为会遭人嫌恶，自鸣得意的人会被敬而远之，那么，谈论失败便能缓和气氛，引导出温和的反应。因为"失败经历"能证明自己"没有威胁"，让缺乏自信、嫉妒心强的人感到心安。

此外，向下比较不仅供人衡量彼此能力高低，还被用来判断自己幸福与否。

心理学家威尔士提出的向下比较理论认为，通过跟比自己不幸的人比较，个人主观上的幸福感能够得到提高。也就是说，倒霉的人通过跟比自己更倒霉的人比较，心理上会觉得自己境遇还算好，从而多多少少提高本已低下的幸福感。

若此类向下比较以更主观、更具攻击性——换句话说，就是更卑劣的形式被使用，它就会促成批判、中伤、陷害来攻击被比较对象，从而抬高自己的相对价值。比如说，有人因与一位成绩斐然的同事比较导致自我评价下降，便会将其视为眼中钉，在背地里传播谣言，压低其公共评价，那么相对而言，自己的自我评价也就上升了。此类战略基本上是在无意识中施行的，因为没有人乐于承认自己如此卑鄙。

　　另外，身边人对自己出其不意的攻击，其背后也有这一层意义。

成功者善用消极心理宽慰人心

顶天立地、自信满满的人总令人觉得遥不可及。过大的差距很难令他们身边的人对其产生亲近感，反而会令人觉得彼此属于两个截然不同的世界，因此心生隔阂。

然而，一旦知晓如此出色的人依旧会害怕、不安，人们不知不觉地会认为他们也是普通人，跟自己以及自己身边的许许多多普通人别无二致，于是就会倍感亲近。甚至还可能幻想，也许自己能够和他们一样，哪一天可以出人头地呢？这更是激励了自身。正因如此，当成功者讲述自己的不安与紧张时，听众会感到安心，现场也总酝酿出宽容、接纳的氛围。

为人接受的成功人士善于向身边人袒露内心的消极情绪，而这正是他们不会被别人恶意中伤的原因。

第三章

为什么关系很好
的人会性情突变？

——潜伏在身边人心中的"嫉
妒"与"攻击性"

来自熟人、朋友的恶意攻击

前两章探寻了集团、组织中频频出现的"放冷箭"心理。

然而，光靠明白这些是无法在心怀恶意的人面前保护自己的，因为我们每个人心中其实都潜藏着恶意中伤他人的冲动。在这一章里，我们将深入探讨每个人心中隐藏的"攻击性"。

有这样一个例子。某人与一位同事倾诉自己失恋的感伤，对方似乎很有感触地安慰道："真过分啊。你肯定很难受吧？"然而，这位同事在安慰当事人的同时，却在社交网站上发感慨："某某某好像失恋了！现在很消沉！明明之前那么恩爱，坚信爱情地久天长呢！"当事人知道了这件事后非常受打击，认为这个同事的语气怎么看都像是在嘲讽自己。从另一方面来看，这位同事的做法也许隐藏着其对朋友的嫉妒，因为朋友有过恋人，而自己没有。

还有一个例子，某人在东京总公司里工作稳定，于是在东京买了一套公寓，结果刚办完手续就接到通知，自己要被调往外地。同时期进入公司的朋友出于关心对其表示慰问："没想到你会被调到外地去。你好像刚买了公寓，打算怎么办啊？"朋友的问候本应是为了宽慰自己，没想到他却在背后说这事"大快人心"。这让当事人觉得非常震惊，明明自己把对方当朋友，对方却抱着那样的想法。实际上，这件事的背后也许蕴藏着朋友对当事人的嫉妒，因为两人同时期入职，现在的境遇却天差地别。

"真没想到，那个人居然幸灾乐祸……"

也许你会惊讶，自己把对方当朋友，对方却做出恶意对待自己这种事。

实际上，正因为是朋友，你在对方眼里才显得如此可憎；也正是因为你们朝夕相处，攀比心理才会被驱动。所以说，你必须时刻注意，不要招致身边熟人的嫉妒。

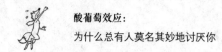

"彼之砒霜，吾之蜜糖"的心理

您听过"schadenfreude"这个词吗？

它指的是幸灾乐祸的心理。

换句话说，就是"彼之砒霜，吾之蜜糖"的心理。

Schadenfreude在欧美国家被广泛应用。

从伦理道德方面来看，幸灾乐祸之心是不可取的，因此大概没人会承认自己有如此的心思。况且，自己对他人的不幸感到开心，这要是传出去，实在太有损于自己的形象了。基于此，很多人从来没关注过自己的这种幸灾乐祸心理。

正如第一章里的众多事例所述，许多人在新闻中看见明星政客因丑闻而陷入窘境，或是因失言而深陷非难时总会兴奋不已。此外，登载明星丑闻的娱乐杂志一直十分畅销，单从这一点上也能看出，幸灾乐祸的心理是广泛存在的。

然而，人的攻击心态并不是持续存在的。换言之，与其说人一直"持有"幸灾乐祸的心理，不如说它是在某种刺激下忽然涌上心头的。如此看来，人类的心灵深处似乎出人意料地潜伏着坏心眼。

心理学研究成果表明，幸灾乐祸的心理存在以下特征：

第一，人们觉得受害者是咎由自取时，很容易产生幸灾乐祸的心理。这时候，人们更倾向于受害者是自食其果，并且不会给予同情。事实上，若有人单纯因运气不好而遭殃，应该很少会有人觉得此事"大快人心"吧。

第二，当受害者的遭遇不甚严重时，人们更容易幸灾乐祸。若对方遭遇的是疾病、事故这类比较严重的不幸时，人们通常不会如此，因为很少有人能冷酷到在他人遭遇这类严重灾难时还觉得高兴。但如果是成绩不好、失恋这类大家多少都经历过的事件的话，幸灾乐祸心理的产生就会容易许多。

第三，受害者的社会地位越高，人们就越容易对其抱有幸灾乐祸的心态。越是处于较高社会地位，如家境富裕、高学历、声名在外的人，越容易被幸灾乐祸的心理波及。因为大家认为他们占据着优势条件，于是嫉妒横生，当他们不如意时就会幸灾乐祸。此外，抨击名人——也就是社会地位高的人，也很容易激起大众幸灾乐祸的心理，所以说，若电视节目或杂志包含抨击名人的内容时，其收视率、销量便会上升。

需要注意的是，第三个特征中所说的"社会地位高"的人，不仅仅包括字面意义上的"名人明星"，同时也广义上包括日常生活中在某方面比自己出色的身边人，例如，学历比自己高的同事或友人，比自己受欢迎的朋友，与自己同时期入职却升迁更快的同僚，家境富裕的妈妈友，比自己更漂亮、更有魅力的朋友，等等。

此外，也有说法称，同性之间更容易因嫉妒而产生幸灾乐祸的心理，这其实是因为同性之间更容易被激发出攀比意识。

被压抑的攻击冲动在网络世界得以释放

　　虽然日本人也普遍存在幸灾乐祸的心理，但日语中为什么没有一个与欧美社会广泛使用的"schadenfreude"相对应的词呢？

　　这是因为，日本人认为"幸灾乐祸"这种情感太不体面，所以不允许它存在，因此将其置于意识之外，视而不见。

　　这就和"amae"这个词的使用状况一样。"撒娇（甘え，读作amae）"这个概念原本不存在于美国人的意识里，所以便直接将日语中"甘え（amae）"的字母拼出读音，写作"amae"，成为英语被使用了。

　　就攻击性来说，日本人的攻击性比欧美人要低。这一点不仅得到了心理学数据的支持，甚至在日常人际关系、体育选手的言行举止，抑或犯罪倾向等方面都表现得十分明确。当欲望得不到满足时，日本人更擅长忍耐，而欧美人则更倾向于表现出攻击性行为。

前几天，某个职业棒球队的美国投手在己方第九局领先三分的情况下登场，投出四坏球①不说，好球也被频频击飞，导致最后攻方满垒。然而，他下场以后，由于队友失误导致比分被追平，他却在板凳上破口大骂，教练提醒他注意分寸，他甚至对教练也呈现出了攻击的姿态，因此被施以警告。若换作是日本选手，大概是不可能表现出如此态度的。

日本人的忍耐力很强，就算自己的欲求难以得到满足，他们也不会贸然出击。更何况，幸灾乐祸不被日本的社会规范所接受，一旦为之，就会让人觉得不体面。

另外，被压抑的攻击冲动容易在"匿名性"当中悄然发作。

----

① 四坏球，棒球用语。守方投手投出的球不在好球区，且打手没有挥棒，即为坏球。投手投出四个坏球，当前打手会直接被送上一垒，而不需要进行跑垒，因此也称"四坏保送"。

在允许匿名的网络上，日本人被认为相当具有攻击性。或许是日常生活中被压抑的嫉妒之情在"匿名"的庇护下不由得流露出来了吧。

然而，正如本书将在第六章中详加讨论的一样，在互联网骂战中参与留言的其实仅仅是一小撮人而已，据众多调查推测，他们只占所有互联网用户的0.5%左右。

男人比女人更容易幸灾乐祸

人们普遍认为，女性比男性更容易嫉妒。然而，就男女心理的平均数据分析，男性幸灾乐祸的心理比女性更为强烈。当然，实际中存在个体差异。

幸灾乐祸心理通常被认为跟内心的攻击性密不可分，而攻击性是有明确的性别差异的。诸多研究证明，男性的攻击性比女性强烈。

攻击行为的性别差异在3岁左右的儿童身上可以察觉到。数据显示，在肢体冲突方面，男性显得更为积极；在言语攻击方面，男女则没有显著差异。然而，关系攻击——即背地散播谣言、离间朋友等不直接作用于对方的间接性攻击——则是女性比男性做得多。回头审视自己的周围，你是否有一种豁然开朗的感觉？可以这么说，人际关系之中那种软绵绵、黏糊糊的含蓄攻击心理，女性更为强烈。

目前，国内外已有许多致力于探索幸灾乐祸心理的性别差异的研究，从现有结果上看，答案十分明确：对于他人的不幸而感到"活该"的心理，很明显是男性更为强烈。那么，明明女性的关系攻击倾向比男性强，可为什么男性的幸灾乐祸倾向却超过女性呢？

这是因为，相比男性来说，女性更容易同情他人。

实际上，对于性别差异中同情心的研究成果表明，女性更富有同情心，而这正抑制了幸灾乐祸心理的产生。

心理学家们曾做过一个实验。他们让被试者与安排好的"托儿"一同进行金钱游戏。"托儿"在游戏中作弊，使被试者蒙受损失。这之后再让被试者看到"托儿"遭受电击（实验人员的演技）的场景，并在这一刻检测被试者的大脑活动。结果显示，此时，女性被试者大脑中掌管"同情"的部位被激活，而男性被试者大脑中与"报酬"有关的区域异常活跃。

从这个实验结果可知，当令自己遭遇不公的对象遭受痛苦时，女性倾向于对其所受的痛苦产生共鸣，并予以同情，而男性则更强调对方使自己遭受了不公这个事实，从而倾向于幸灾乐祸。

把对方置于恶人位置的心理机制

幸灾乐祸心理的主要诱因是"嫉妒"。

从身心发育的角度来看,有数据表明,小学生已经有因嫉妒而幸灾乐祸的情况了。也就是说,当占优势地位的人遭受打击,其优越性被动摇时,人们更容易感到"大快人心"。

此外,嫉妒似乎还与自尊心有关。有报告称,自尊心低下、内心焦虑的人更容易感到嫉妒,因此,他们更容易滋生幸灾乐祸的心理。

自尊心强的人就算嫉妒他人的优秀,在对方遭遇负面事件时,也会抑制住自己觉得"愉快"的心理。而易于幸灾乐祸的人,其自尊心会持续降低,陷入恶性循环——幸灾乐祸之后，觉得这样的自己太不体面，从而影响到自我评价，致使自尊心下降。然而，即使自尊心下降了，他们还是会感到嫉妒。

这时，把对方置于恶人位置的心理机制就开始发挥作用。

对他人的不幸感到愉悦说起来实在不够体面，因此，谁都不愿意承认自己如此狭隘，于是转而去寻找对方的过失，并加以攻击。若找到了对方的过错，那便有了攻击他们的正当理由，对其抱有攻击心态的自己也就成了正义的代表。一旦认定对方是不公正的，因嫉妒而产生的攻击心态便容易迸射而出，但是这种"不公正"的裁定标准具有主观性，极容易被操控。因此，若真的无法对对方做到鸡蛋里挑骨头，他们就会选择置换攻击对象。

第一章的例子中所讲的"键盘侠①"们其实只是打着所谓的"正义感"的幌子，将其当成令箭罢了。实际上，发起攻击的理由、对象等都无关紧要，他们只是想找一个正当的理由，借以发泄自己心中那团乱麻的情绪而已。正因

① 指现实生活中平淡无奇、胆小怕事，而在网络中却大放厥词的人。

如此，他们徘徊在网络之上，擦亮目光，四处寻找能够发散自己的攻击冲动的机会。

在上下班途中突然暴走的人的心理结构

　　若想解读那些处心积虑恶意对待他人之人的心理结构，最好先了解与人类的攻击冲动相关的知识。

　　任何人心里都有攻击冲动，一旦人们受到挫折，它就会涌现出来。我们在日常生活中对此应该多多少少有所体验，而且它也已经被心理学实验所证实。

　　心理学家多拉德等人率先提出的挫折—攻击假说（frustration-aggressive hypothesis）认为，人们当前的行为被打断，以致无法达成既定目的时，就会感到受挫，为了消解、降低这种受挫感，他们就会采取攻击行动。

　　世界各地进行的诸多相关实验和调查也证实了该假说的妥当性。

例如,心理学家巴克等人以儿童为对象进行的实验也明确证实——挫折会催生攻击行为。

在巴克等人的实验中,实验者首先向孩子们展示一个拥有众多玩具的房间,并将孩子们分成两组。其中一组孩子随后被领到另一个可以透过铁丝网看见玩具,却无法接触、把玩它们的房间里等待,以引发他们的受挫感。过一段时间后,这组孩子才被允许玩玩具。而另外一组孩子则在看见玩具后立刻就能享受玩具。也就是说,第二组孩子没有受挫感。随后,实验者对两组儿童的行为进行了比较,结果发现,没有受挫的孩子更能享受玩具带来的乐趣,而有受挫感的孩子在玩玩具时表现得极其暴力,他们会殴打、猛摔,甚至恶意踩踏玩具。

孩子与成年人不同,总是不加掩饰地表达出自己内心的冲动。因此,这个实验结果足以证实受挫确实会触发攻击行为。

玩玩具原本应该是一件开心的事,然而却敌不过先前因受挫而产生的不满,进而诱发攻击冲动。在这个实验中,这种攻击冲动被发泄在了引起孩子不满的对象——也就是玩具身上,换作其他场合,遭殃的有可能是其他无辜的人或者物。

比如，某些上班族白天在职场受到了不公正的人事评价，或是被客户无理谩骂，在回家的电车上，他们很容易对眼前正在交谈的乘客怒吼："吵死了！"回家之后，他们也可能因为一点儿鸡毛蒜皮的小事对家人暴跳如雷。又比如，某些低声下气求朋友帮忙却被拒绝而感到气馁的人，也许会将手上的资料狠狠地摔在桌子上，或踢飞脚边的垃圾桶、摔门、砸墙等。

这些都是因受挫而对无辜的人或物发泄的攻击性行为，也可以说，这些人或物被当成了"出气筒"。

因电车晚点而冲车站工作人员怒吼，或是因为在医院的等候厅等得太久而对医护人员发脾气，责怪他们，等等，类似事件在日常生活中经常发生。

也许当事者本人认定，自己是因为等候时间过长才发怒的，但事实上，他们是在工作、生活上受到了挫折，所以才会抓着这些鸡毛蒜皮的小事不放。

人们因受挫而焦躁时，会想方设法发泄负面情绪，因此攻击冲动高涨。而此时，他们若迁怒于无辜的人或者物，其认知便很容易产生扭曲。越是这种时候，人们越会对各种刺激产生过度反应。譬如，某些在平时可以一笑了之的言行，此时会让当事人觉得受到挑衅，于是怒发冲冠；或者是面对与平时别无二致的房间时，当事人突然抱怨其太过脏乱。

禁烟令会激发吸烟者的攻击性

　　心理学家大渕宪一对"挫折—攻击假说"进行了整理，并将受挫感分为"生理性受挫"和"社会性受挫"两类（大渕宪一《新版伤人之心——攻击性的社会心理学》[1]）。相应地，他将攻击性也分为"生理性受挫激发的攻击性"和"社会性受挫激发的攻击性"两类。

　　沙克特等人曾做过一个实验，以探究挫折能否激发吸烟者的攻击性。

　　实验者让大学生扮演教师，指导"学生"学习，并要

─────────────

① 日文原题为《新版 人を傷つける心——攻擊性の社会心理学》，サイエンス社出版。

求他们对成绩不理想的"学生"施以电击作为惩罚（电击装置是假的）。学习指导分前后两次进行，期间设置一段休息时间，但禁止在休息室吸烟。这些扮演教师的大学生中，有些人吸烟，有些人不吸烟。过程中，实验者将记录"教师"对"学生"进行电击惩罚的力度，以及惩罚力度在休息前后是否发生了变化。结果发现，有吸烟习惯的大学生在后半段学习指导中进行电击惩罚的力度增加了，而不吸烟的大学生进行电击惩罚的力度没有变化。

该实验结果表明，禁烟会引起吸烟者的受挫，从而诱发其攻击行为的发生。

"生理性受挫"会引发人的攻击性

难耐的酷暑也会使人受挫。

有人曾对气温与攻击行动之间的关系进行研究和探索。

安德森等人在研究美国45个主要城市关于杀人事件的年发生件数时意外发现，寒冷的季节发生率低，而炎热的季节发生率非常高，并以8月为分界的顶点，发生率呈吊钟型（也就是∩形）分布。这一发现被作为炎热造成的挫折感会激发攻击性行为的证据。

实际上，炎热时昼长夜短，晚归现象相对频繁，再加上归途中饮酒的机会也增多，所以卷入犯罪的可能性也随之增大。那么，炎热时犯罪率高真的是这样的原因吗？

于是，安德森等人为了能更直接地确认气温对犯罪率的影响，进行了一项实验。

他们邀请挑战者参加一项考验反应速度的游戏。在前半场中，落败者将被施以噪音惩罚，且噪音强度是由对战者指定的。而所有的对战者都被要求给予落败者异常强烈的噪音刺激，体现出挑拨的姿态。

在后半场，挑战者则有机会向对战者施以噪音惩罚。后半场第一回合，实验者如实记录了挑战者希望施加在对战者身上的噪音强度。结果发现，实验室气温不同，挑战者所选择的噪音强度也存在差异。若以横轴表示实验室内的气温，以纵轴表示挑战者希望施加给对战者的噪音惩罚强度，则在最舒适的室温下，噪音强度最弱，此后，不管气温是过热还是过冷，噪音强度都会变大。换句话说，以最舒适的室温为最低点，当室温高于最舒适点时，温度越高，噪音强度越大；反之，当室温低于最舒适点时，温度越低，噪音强度越大。

实验结果证明：过冷或过热的气温都会引起人的受挫感，并将此转变为攻击行为。

心理学家希尔加德曾提到过一起高速路枪击事件。20世纪80年代后半叶，在炎热的季节，美国洛杉矶高速公路上发生了一次严重的交通堵塞，几位因长时间等待而焦躁不堪的成年人最终开枪互射。这是因受挫而引发焦躁感，并导致攻击行动的绝好例子（内田一成监译《第14版希尔加德的心理学》[①]）。

在日本人看来，因交通阻塞而受挫，进而演变成枪击事件，这实在太令人匪夷所思了。然而，在允许枪支私有、攻击性强的美国社会，这并不奇怪。在美国，枪击事件时有发生，由此或许可以推断出，美国社会有一部分人群因各种原因而抱有受挫感。

---

① 日文原题为《第14版ヒルガードの心理学》，プレーン出版。

"社会性受挫"同样会加重人的攻击行为

挫折除了"生理性受挫"之外，还包括"社会性受挫"。常见的社会性受挫事件有遭人嘲讽、被甩脸色、受到不公正评价，等等。

心理学家特温吉等人曾设计了一项实验，以探求"被人排斥"的认知所引起的受挫感是否会催生攻击行动。

实验者首先让一组学生志愿者共同协作完成一项任务，然后让他们选择自己在下一项任务中的搭档。根据选择结果，该组学生被分成两组——A组为被同伴选择的同学，而B组为没有被选择的同学。接着，下一个环节中，不管是A组学生还是B组学生，他们都与其他学生进行电脑游戏对战。此时可以观测到，B组学生在游戏中发出的噪音比 A 组学生要强烈得多——即使与他们对战的学生并不是拒绝他们的人。

从这个实验结果可以看出，当人认为自己被排斥（没有被选择）时所产生的受挫感会提升攻击行为产生的概率。

除此之外，还有报告显示，过去一年里经历了失业的人，其各类的攻击行为——比如家庭暴力——要比持续在职的人高出 6 倍之多。另外，人们在工作岗位上感受到的压力越大，其在工作场合的言语攻击行为就越明显。

心理学家佩德森等人曾做过一项实验，目的是探求因成绩差而受到非难所引发的挫折感是否会促进攻击行为。

该实验中，一半的参加者被要求解答难题，并且实验者会在参加者解答难题的过程中故意播放令他们焦躁的音乐。交卷后，实验者会责怪他们成绩太差，以此令他们受挫。反之，另一半参加者则被给予简单的题目，并且实验者在他们答题时播放舒缓的音乐。在实验的第二阶段，实验者的助手口头向两组人员提问，然后要求他们同时作答。读题时，助手故意加快语速，且时常口误，使参加者无法获得好成绩。最后，所有的参加者被要求对该助手进

行评价。结果，只有那些先前被非难、成绩太差的参加者
对助手给出了较低的评价。之所以给出如此严苛的评价，
正是由于他们排解了心中的攻击冲动——那些"预先受
挫"的人对助手的"挑拨（语速过快、频繁口误）"产生
强烈的反应，由此变得焦躁，从而示以攻击性行为。

对于有受挫感的人来说，语速过快、频繁口误等小事
足够挑起他们的怒气，而没有受挫感的人却对此毫无感
觉。这个实验证明，受挫的人一旦认知发生扭曲，就算别
人的言行毫无恶意，他们也会从中感受到恶意。

"为什么你们就是不懂我"背后的撒娇心理

  恶意对待他人的情况并不全是因为嫉妒产生的，其背后的原因也可能是憎恨、怄气、闹别扭，等等。很显然，因憎恨而诱发的攻击性，其内在的原动力在于事不尽如人意而产生的受挫感。而这之中还混合着日本人所独有的"撒娇心理"。

  "亏我这么相信老板会参考我本人的意愿来安排人事调动呢，怎么会搞成这样？"

  "你是我的妻子，应该不用我说就能察觉到我在公司里发生了一些事，主动来安慰我啊。"

  "作为我的恋人就应该比一般人更了解我的想法，这还用我说？可你看看现在这算怎么回事？"

当自己的期待没能得到对方的回应,自己的"撒娇"未能结出果实,心里便会产生怨怼。这时,彼此之间便开始闹别扭、故意气对方,或者采取冷战态度。这就是所谓的"撒娇型攻击性"。

提出这一理论的土居健郎先生认为,撒娇心理的原型是人类于婴儿期"在与人类本源相关之物分离时,逃避事实以抑制分离痛楚的一种行为"(土居健郎《"撒娇"的结构[1]》)。换言之,"撒娇"是无法接受"'亲子'并非一心同体,而是互为独立的个体"这一残酷事实,转而通过虚幻的一体感聊以慰藉的心理。

此外,土居先生还认为,婴儿抓着母亲的乳房不放、噬咬乳头等愤怒的攻击性表现并非单纯地本能唤起,而是他们从母亲身上感受到拒绝后所做出的反应。也就是说,婴儿的愤怒是他们在自己的依存欲求得不到满足时所采取的对策。

按照土居先生的说法,有些人闹别扭、怄气、怨恨,是因为自己的撒娇没有得到对方的回应,觉得自己受了委

---

[1] 日文原题《「甘え」の構造》,弘文堂出版。

屈。比如说，对方不乖乖让自己撒娇，于是就开始闹别扭，接着一边闹别扭一边继续撒娇，表面上看，闹别扭似乎是因为彼此曲解了对方的意思，认为自己受了不公平对待，但究其根本原因，其实是撒娇失败所致。又譬如"怄气"，表面上看，怄气是停止撒娇，不理对方，实际上，双方是在为对方没能回应自己的撒娇而生气。再说"怨恨"，因为对方拒绝让自己撒娇，所以才起了敌意。

像这样，当撒娇的效果不尽如人意时，当事人便开始有情绪、闹别扭、起憎恨，觉得自己受了委屈。

"我都这么努力了，你还不表扬我。"

"和同事之间的差距令我受了那么大的伤害，你却不鼓励我。"

此类想法和"你凭什么不表扬我""凭什么不鼓励我"的怨怼情绪一旦在心里滋生，当事人就会越想越委屈，于是开始谴责对方太残酷，或到处说坏话、拖后腿，发起攻击。

日本人的人际关系是由撒娇联系在一起的，大家也凭此相互依存。因此，当撒娇受到妨碍时，人们就很容易受挫，进而萌生攻击意识。尤其是当撒娇被对方拒绝时，当事人便会发怒。

　　要知道，撒娇是否会被满足，决定权在于对方，而不在于自己。所以说，撒娇者经常处于容易受伤的立场。而且与倾向展现个性的欧美人不同，日本人习惯于压抑自己的主张，被动等待他人的揣摩和谅解，因此撒娇型攻击性是日本人特有的，继而发展出恶意对待他人的心理。

为什么中老年人更容易发怒？

近来频频有中老年人在车站、医院、便利店等公共场所大发雷霆的消息传来。

按理说，中老年人阅历丰富，富有判断力，可为什么会因为一些无伤大雅的话而跟车站工作人员发生争执，对医护人员不依不饶，抑或因为一点儿小事找便利店店员的茬儿，甚至两句话不合就大发雷霆呢？

2009年，发生在铁道工作人员身上的暴力事件超过了800件，引起了巨大的社会反响；2011年，暴力事件超过了900件，被列为亟待解决的深刻的社会问题之一。为了杜绝此类暴行，全体铁路工作人员被要求每年制作两次海报以敦促社会，避免暴力行为，并且每隔两个月对车站和列车内部人员进行一次调换。然而,效果并不理想,此类暴行的发生量依旧居高不下,并始终维持在一年800件左右,丝毫没有减少的迹象。值得注意的是,该数据背后也许还隐藏着许许多多尚未发展成恶性事件,因而未被统计的小型暴力行为。

2015年的数据显示,40—49岁的施暴者占17.7%,50—59岁的施暴者占19.3%,60岁以上的施暴者占23.8%,也就是说,中老年人占施暴者总量的60.8%。需要注意的是,这个数据仅包含了肢体暴力事件,可想而知,未被统计的语言暴力更是多到数不胜数。实际上,在检票口持续怒骂检票员的中老年人屡见不鲜,而这是否和年龄有关呢?

其实,这一现象的背后蕴含着因受挫而引发的攻击性。

现如今,许多中老年人强烈地认为自己没有得到应有的回报。比如说,自己年轻时对长辈言听计从,可到自己成了长辈时,年轻人却毫无顾忌地彰显自己的主张。又比如说,自己为集体着想,在公司正忙时放弃了休假,可现在的年轻人却自私自利,总是按自己的意愿带薪休假。为此,很多中老年人觉得自己是"吃亏的一代"。

自己年轻时承受了上司无数次的严词责骂，可现在的年轻人，自己话说得稍微重一点，他们就会"受伤"，控诉自己职权骚扰，因此不得不小心翼翼地接待他们，从而生发出"受不了这些年轻人了"的感慨。

自己年轻时，公司施行年功序列制，所以就算当时工资低，看在将来会有回报的份上，自己也能忍下来。然而现在，社会各处都在提倡"和年龄无关""成果主义""同工同酬"之类的话，那自己多年的忍耐算什么？这让他们无法接受。

正因如此，中老年人觉得，不论是与长辈们比较（终身雇用，年功序列），还是与晚辈们比较（自我主张、权利主张、成果主义），自己这代都是没能得到回报的一代。什么"一亿总活跃"，什么"女性也能在社会中发光发热"，自己压根没能发光发热起来，反而为了养活家人，不得不拼死做着自己并不喜欢的工作，这样的自己实在太过悲惨——这是许多中老年男性的心声。此外，他们当中也有许多人认为自己在家庭生活中也没有得到回报。夫妻关系淡漠，家里好像是妻子的天下，自己作为顶梁柱却没有得到公正的评价。在一部分中老年家庭中，经常能见到这样的情况：妻子为了自己的成长去工作，丈夫则为了维持家计而工作。

抱有此种"没有得到回报"心理的中老年人，因受挫而引发内心的攻击冲动，所以他们经常会为一点儿小事变得暴躁。总之，这种心理跟恶意对待他人的行为有一定关联。

为什么人们在发泄了自己的攻击
冲动后，仍会持续攻击？

净化说（Catharsis）认为，人的攻击冲动在借由攻击行为得以发泄后，便会降低。也就是说，通过发泄攻击冲动（即不再压抑情绪，令其付诸表面，从而使情绪轻快起来）净化了感情后，攻击冲动便会降低。由此看来，净化说不提倡压抑攻击冲动，反而认为最好是设法将其发泄出去。

然而，真的是这样吗？

纵观与净化说有关的研究成果，绝大多数报告都显示，不论是成人还是儿童，在宣泄攻击冲动之后，其后续攻击冲动并不像净化说所预期的那样会降低，恰恰相反，人们的攻击冲动反而会更加高涨。虽然日常生活中总听人说攻击性强的体育活动能够宣泄情绪，然而，支持这一结论的数据几乎没有，相反，支持其反命题的数据却多得数不胜数。

比如，曾有实验对高校足球选手在赛季前一周和赛季结束后一周的敌意水平进行对比。按净化说的预期，如果选手在足球比赛中借由攻击行动宣泄了情绪，那么在赛季结束后一周，他们的攻击冲动应该有所下降，表现出较低的敌意水平。然而，出乎意料的是，实验结果跟预期恰恰相反——赛季后，足球选手们的攻击冲动反而升高了。此外，还有一项针对大学生运动员的全面调查与分析，结果也否定了净化说（埃利奥特·阿伦森《第六版 社会动物：人类行为的社会心理学研究》[①]）。

除了体育运动之外，许多实验还利用"电击"这一攻击性行为进行研究。

比如，心理学家吉恩等人曾做过一项实验，以探求人

———————————

[①] 本书作者所参考的日版书籍为《ザ ソーシャル アニマル 第6版——人間行動の社会心理学研究》，Elliot Aronson 著，冈隆、龟田达也译，サイエンス社 出版。

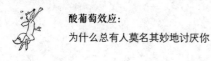

们通过电击他人发泄了自己的攻击冲动后，在后续课题
中，是否还会选择给予他人强烈的电击。实验开始时，志
愿者被分为两组，实验者告诉他们此次实验的目的是探求
惩罚对学习效果的促进作用。然后，他们让志愿者们扮成
老师，并告诉第一组志愿者，当学生（由实验人员假扮）
犯错时，他们必须对其进行电击惩罚（电击装置是假的）。
而第二组志愿者则被要求在学生犯错时做好记录。随后，
实验进入第二阶段，实验者让所有志愿者对犯错的学生进
行电击惩罚。如果净化说成立，那么，第一组志愿者由于
在第一阶段已经电击过学生，其攻击冲动得到发泄，因
此，他们在第二阶段中给予学生的电击强度应该不会太
高。然而，实际结论恰恰相反——在第一阶段已经电击过
学生的志愿者们在第二阶段中的电击反而更强烈。

攻击冲动会上瘾

心理学家布什曼和鲍迈斯特曾通过实验来探求击打拳击沙袋来发泄冲动的行为是否会弱化人们后续的攻击性。

实验中，实验人员故意对参加者写的作文进行差评，从而唤起他们的愤怒情绪。随后，半数的参加者被给予击打拳击沙袋的机会。接下来，参加者和对其进行差评的实验人员一起做一项考验大脑反应速度的游戏，同时，参加者有机会对实验人员施加强烈的噪音作为报复。如果净化说成立，那么按照预期，通过击打拳击沙袋发泄过攻击冲动的参加者应该不会再采用噪音攻击。但实验结果显示：击打过拳击沙袋的参加者反而展示了更强烈的噪音报复行为。

净化说不仅被众多实验结果推翻，与此同时，它也被许多日常生活场景实例所否定。

比如，某公司的相关人员曾对被开除的加利福尼亚的航空航天业者进行面谈，令他们陈述对前雇主公司及其管理层的看法，并在谈话结束后将他们的看法形成书面报告，呈交给面谈人员。按照净化说的预期，在面谈中发泄过愤慨的人，其书面报告里应当含有较少的攻击性内容。然而，结果却恰恰相反，那些面谈中怒不可遏的人，其书面报告里，字里行间流露出来的愤怒更加强烈（内田一成监译《第14版希尔加德的心理学》）。

综上所述，宣泄情绪不但不能降低攻击冲动，反而会提升它，使人更容易去攻击他人。由此可知，为了消散日常的愤懑而投身网络暴力或是恶意对待他人并不能令我们舒缓心情，变得老实本分，相反地，会让我们更抑制不住攻击冲动。

那些陷入认知扭曲的人们

　　经过分析，我们可以发现，处心积虑、恶意满满的人似乎有一些"认知扭曲"，导致他们从稀松平常的言行中误读出恶意，并怒发冲冠。那么，人类大脑中负责处理情报的系统是不是有自己独特的癖好呢？

　　心理学家克里克和道奇提出的社会性情报处理模型认为，我们的大脑在处理社会性情报（比如他人的言行举止）时会经过以下6个阶段：

　　1. 符号化内外部信息

　　2. 解析获得的信息

　　3. 明确目标

　　4. 分析、探讨自体反应

5. 决定自体反应

6. 实行决定

其中，最具重要意义的是"2. 解析获得的信息"。正所谓一千个读者眼中有一千个哈姆雷特，类似地，面对同一句话、同一个动作，不同的人有不同的解读方式，有的人可能认为那是在"侮辱"自己，为此大发雷霆；有的人则可能将其理解为"幽默的小玩笑"，对此一笑了之。可见，人们对他人言行的解读不同，后续反应也大相径庭，而这会不会是恶意揣度的人身上所弥漫的敌意的来源呢？别人不以为意的言行，他们却很较真，何至如此呢？为什么不能正确地去审视呢？其实，这里边蕴含着以恶意去揣度一切的认知扭曲。说者明明毫无恶意，却被听者误解；说者本以为好好解释一定会消除误会，然而听者油盐不进，依旧怒不可遏，从此不仅再也不给对方好脸色，还到处放冷箭。

这样的认知扭曲被称作"敌意归因偏差（hostile attribution bias）"。

敌意归因偏差是指，人们在情境不明确的状况下，将对方的动机或意图归结为敌意的倾向。换言之，己方无视事实，兀自认定对方对自己抱有敌意的一种认知倾向的扭曲。譬如对方说了一句意味不甚明确的话，自己在没有对其真实意图加以探究的情况下，径自以恶意去解释对方的行为，认为对方对自己怀有敌意。这种认知倾向就是敌意归因偏差。

许多关于敌意归因偏差的研究都证实了一点：敌意归因偏差越强的人，越容易寻求报复，也就越容易采取攻击行为。为了报复对方，他们会拼命扯后腿。那些经常挑拨离间、发起冷战等关系攻击的人，大多数都认为自己是受害者，因而对他人产生报复心理。对于将朋友毫无恶意的言行曲解得恶意满满，认定对方别有用心、挑拨离间、嫌恶自己，把自己当成受害者，进而攻击对方的人，说他们有被害妄想一点儿也不为过。

此外，敌意归因偏差实际上还暗藏着"基础信赖感的缺失"和"受轻视的恐慌"。信赖感强的人充满善意，倾向于用善意去解释他人的言行，尽管他们偶尔被骗，但依然愿意相信别人。然而，那些缺乏最基础信赖感的人则警戒心强，经常揣摩他人言行的背后是否存在阴谋或恶意。

若这种警戒心过于强烈，敌意归因偏差便会产生，促使他们将对方毫无恶意的言行误解成敌意，并予以回击。另一方面，缺乏自信、有受轻视恐慌的人则非常担心自己被玩弄、被蔑视，因此对他人的无心之举总是反应过激，表现出敌意归因偏差，发起反击。

研究表明，敌意归因偏差在暴力犯罪者和不良行为者身上表现得尤为显著。尽管如此，其一般规律在普通人身上仍然能体现出来。也就是说，对普通人而言，敌意归因偏差越显著的人越容易采取攻击行动。由此可见，不要天真地认为恶意揣度、对待他人的人会静下心来好好听我们解释，要想跟他们和平共处，必须先观察和了解他们那扭曲的认知倾向都有哪些特征。

容易消沉的人心里同样汹涌着攻击冲动

与情绪波动大、阴晴不定的人打交道很容易出现尴尬局面。

日常生活中我们总能听到有人抱怨，比如一个人因为同情某位意志消沉的朋友，便亲切以待，不料对方在某个时间点突然对自己变得十分具有攻击性，于是自己只好赶紧与对方拉开距离。职场中也有不少类似情况。许多管理人员抱怨，面对意志消沉的下属，他们尽量对其温柔体贴、费心鼓励，没想到对方反咬一口，到处说他们对自己职权骚扰，使他们再也不敢轻易跟这样的人打交道。由此看来，容易消沉的人心里似乎总是汹涌着攻击冲动。

很多研究显示，具有攻击冲动的人，不管是拳脚相向、臭脸迎人、恶语诛心等直接攻击行为，还是散播流言、挑拨离间等关系攻击行为，他们身上普遍存在着抑郁倾向。

为什么有抑郁倾向的人富有攻击性呢？

其实，心里消沉就容易导致抑郁，而这跟攻击性有着很深的关系。对此，这里将从"攻击性认知扭曲"和"攻击性情绪"两个方面加以分析。

心理学研究证明，不论是明显有攻击冲动的人还是有抑郁倾向的人，他们总是对他人怀有敌意。由此可以推断，抑郁倾向的人怀有敌意归因偏差。事实上，这一点也已经被心理学研究所证实。

从本质上来看，有抑郁倾向的人看待事物趋于负面，这就导致他们容易情绪低落，在面对或观察他人的言行举止时，他们的感受自然显得非常负面，即便是对方出于关心而做出的举动，他们也会将其误解成敌意。可以说，敌意归因偏差使他们产生了攻击性认知扭曲。

此外，有抑郁倾向的人容易产生攻击性情绪。这点其实非常好理解。比如，当大家都感到开心时，有抑郁倾向的人却愁云满面，无论如何也无法让自己高兴起来，渐渐地，他们要么对自己感到十分不耐烦，要么对周围的人感到异常焦躁。这种不耐烦和焦躁一旦孕育出攻击冲动，他们就会拥有很强的攻击倾向。换言之，抑郁所引发的负面情绪和攻击性反应是联系在一起的，即前文所说的攻击性情绪。

所以说，跟有抑郁倾向、消沉的人打交道，当自己的好意被误解和扭曲，进而在意想不到的时间和地点受到对方的直接攻击或是背后放冷箭时，我们会感到非常痛心，并对这类人避而远之。

小心身边那些精神变态者

世上竟有人能够心平气和地在别人背后捅刀，这实在令人惊叹，很多时候我们都不明白为什么他们会如此富有攻击性。常见的情况有：

有的在社交网络上一再散播朋友的坏话，对朋友产生不利影响。

有的看见朋友和自己以外的人交好，便想方设法离间双方："××在背后可是这么说你的哦……"

有的则在网络骂战中帮着施暴者，在受害者的伤口上撒盐。

这些人的所作所为时常令我们疑惑：他们这么做难道不感到羞耻、没有罪恶感吗？

有报告称，此类攻击行为和精神变态倾向有关。尤其是在美国，"精神变态者（psychopath）"的人会受到特别关注。

　　心理学家罗伯特 D. 黑尔（Robert D. Hare）认为，精神变态属于一种异常人格，这类人缺乏共情能力。通俗地说，就是他们既无法感受爱和温暖，也无法给予别人爱和温暖，总是以自我为中心，呈现出冷漠、残酷的形象，而且就算他们的言行十分恶劣，也从来不会受良心的谴责而有所顾忌。总而言之，作为人类，他们缺乏与社会协调共存的能力，尤为突出的是，他们根本无法体会他人的痛苦。保守估计，这种精神变态者在北美至少有200万人——这个庞大的数字确实令人感到震惊。所幸，日本人的攻击性相对较弱，因此日本精神变态者的数量同样也就非常低。

　　在精神医学领域，精神变态被当成反社会性人格障碍的一种。对此，黑尔认为，绝大多数反社会性人格障碍者并不一定会出现精神变态，而精神变态者中虽然不乏犯罪者，但也有人过着普通的生活，也就是说，就算某人出现了精神变态，也不一定会做出反社会的行为。

在精神变态者当中，有的人很低调，有的人却表现得异常活跃，比如创业发家的人，任性独裁、攻击性强、不考虑他人感受的人并不少见。所以黑尔说，反社会性人格障碍和精神变态虽然相似，却是不同的两种人格类型。为此，他还研发了一个量表用以甄别精神变态者。如下表所示，黑尔所研发的这个量表从"情感、人际关系的特征"和"社会异常性"两个方面来衡量精神变态程度（罗伯特D. 黑尔《诊断名：心理变态者——潜藏在身边的异常人格者们》）。您可以对照下表，看看自己身边是否有精神变态者。

由于精神变态者对他人漠不关心，缺乏共情的能力，所以我们的第一要务就是先观察对手并想好与之相处的策略，等自己被人捅了刀子再考虑这些，已经为时晚矣。

鉴别精神变态者

感情、人际关系的特征	表现形式
	健谈却不交心
	以自我为中心，傲慢
	缺乏良心的苛责，缺乏罪恶感
	缺乏同理心
	狡猾，善于掩饰和伪装
	情感淡漠

社会异常性	表现形式
	容易冲动
	难以控制自己的行动
	遇事若不感到兴奋，就提不起劲去做
	缺乏责任心
	童年曾有过问题行为
	成年后有反社会行为

第四章

别沉醉于被他人吹捧的优越感中

——9种常见危险人群

对你过于热情的人很危险

本章将具体介绍您身边常见的危险征兆。

那些因看不惯对方而采取恶意中伤行为的人，通常来说，他们看上去温和可亲，但实际上城府颇深。正因如此，我们必须时刻加以小心。

相信许多人有过如下经历：

你新认识了一位朋友，刚开始彼此相处很舒服，可时间长了，对方处处以恩人自居，浑身散发着迫人的压力，于是你很烦恼，不知道该如何与之拉开距离。

某位朋友突然请你帮忙，你本着救急的心理出手相助，没想到对方从此变得一发不可收拾，三天两头找你。如果你实在无法奉陪，不得不拒绝时，对方反而会疯狂地责难你小气、狭隘、冷淡，这会让你觉得对方是不是脑子有问题，从此敬而远之。

刚搬到新家，人生地不熟，一位邻居热情地邀请你去喝茶、逛街。鉴于自己初来乍到，连个说话的人都没有，于是你欣然赴约，跟邻居共度了一段快乐时光。期间，邻居很体贴地给你介绍周边的设施，让你大受裨益。唯一的问题是，邻居的邀请实在太过频繁，将你的私人时间挤占了一大半。你为了享受独处的时光而多次拒绝对方，不料对方就像变了一个人似的，浑身充满杀气，处处透着一股"我那么帮你，你倒好，过了河就拆桥"的"怨恨"。对此，你哭笑不得。

你刚到一个新的工作环境，有个同事首先跟你搭话，并且态度亲切，于是接下来的日子里，你跟对方同进同出，有时候还一起出去吃饭。突然有一天，对方开始在你面前抱怨职场的不如意、生活的烦恼，久而久之，你会觉得有些腻烦，找理由和对方拉开距离，企图得到片刻安生。结果没过多久，公司里谣言四起，说你在背后说上司和老员工们的坏话。你知道后震惊得哑口无言。

……

　　类似这样的事层出不穷，而且从另一个角度来分析，被这些事件困扰的人特别多。总结之后你会发现，你对别人亲切，对方就会跟树袋熊一样扒住你不放；你越无法拒绝，对方扒得越紧。当某天你终于喘不过气，想和对方拉开点儿距离时，却发现对方摇身一变，成了一挺机关枪，且枪口正对着你。

　　"我想找你说说话，可你却不听。"

　　"我想让你安慰安慰我，可你却不懂。"

　　"我想请你关心我，可你却不在乎。"

　　一旦你的言行让他们产生了上述这些想法，他们就会对你发起攻击。

　　追本溯源，是这类人撒娇心理太强——就像孩子对自己的母亲撒娇一样，导致他们认为自己的要求对方必须得满足。这也说明了一点：他们眼中只有自己，全然不考虑别人的心情和时间安排，只要对方没有给出自己所期待的答案，他们就会觉得对方太过残酷，从而呈现出攻击的姿态。

注意那些把你捧得天花乱坠的人

你也许有过这样的经历：一位朋友似乎异常欣赏你，交谈中处处透露着对你的高度评价。为此，你安心与之来往，本打算与对方一直友好相处下去，可是突然有一天你遭到对方的指责："亏我当你是朋友，没想到你居然是这种人。"又或者，对方劈头盖脸地指责你背叛了他（她），还假装若无其事的样子。对此，你感到莫名其妙，根本不明白自己到底做错了什么。

事实上，不论是谁，平时相处得很好的身边人对自己的态度突然发生转变，我们的第一反应自然是困惑，不明所以。可对方却真真切切地认为遭到了你的背叛。这就是问题的症结。

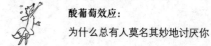

　　情绪起伏不定的人有一个显著的特征——戴着有色眼镜看人。当他们抱着善意对待别人的时候，无论对方做什么、说什么，他们都觉得好。可一旦因为某事导致心情陷入低谷，他们心中暗藏的攻击性就开始不断涌现，甚至犹如惊弓之鸟一样，哪怕是别人一句无心之言或者一个小小的举动，他们就会将其曲解成对方的恶意，进而觉得自己看错了人。这类人总是不分青红皂白，轻易下结论，而且总是用极好或者极差来评价对方——今天，你在他们眼里可能是完美的化身，备受其吹捧；明天，他们可能会翻脸不认人，在背后捅刀子、使绊子。尽管我们喜欢被别人称赞，但如果你身边有上述这样的人，请一定加以防范，因为他们的好评指不定什么时候就会变成极端的差评，然后对你发起疯狂的攻击。

靠吹捧才能保持好心情的人

喜欢吹捧的人其实非常自恋，只要是自己的事，再小他们也能说半天。当得知别人犯了无关紧要的小错时，他们就会摆出一副受不了的样子，谴责对方，与此同时，他们的脸上呈现出沾沾自喜的表情。如果是他们自己犯了错，就会伪装得好像什么事都没发生过一样，不是避而不谈，就是企图蒙混过关。倘若这时有人为此开他们的玩笑，他们要么血气上涌、大发雷霆，窸窸窣窣地讽刺对方，发泄攻击冲动；要么一脸不爽、沉默不语，暗地里寻找复仇的机会。由此可以说明，这类人心里普遍存在着很强的自卑情结。

妄自尊大、盛气凌人的人正是因为没有自信，所以才会选择虚张声势；他们唯恐自己受到轻视，所以攀比意识才会非常强烈，只有占据了优势地位，他们的心里才不会难受。总之，他们为了隐藏自己内心的惶恐做出虚张声势的举动，以期给人留下一种位高权重的印象。

有时候他们口头上不承认，但心里早就已经意识到自己是在虚张声势了。尤其是害怕别人看透其自卑情结，轻视他们时，他们就会拼命地索求对方的褒奖以获得安全感，进而维护自己的形象。这时候，只有不间断地吹捧才能使他们保持心情愉快。

对于毫无自信、身无长物的他们来说，玩笑是开不得的，特别是由于自己的一点儿过失而被人调侃，将会被他们视为无可忍受的耻辱。因为他们绝不容许自己的优越性受到威胁，一旦发现，他们就会奋起反击。而且这个时候，那颗唯恐受到轻视的心会变得异常敏感，哪怕是对方毫无恶意的态度和言语都可能激起他们的自卫心理，让他们觉得自己被捉弄了，于是开始恶语中伤他人，抑或在网上散播流言，拼命抹黑对方。

这种类型的人总是企图通过贬低身边人的价值，相对性地提升自我价值，以实现自我保卫的目的。

和这类人来往，你必须时刻记得：吹捧令他们安心和快乐。此外，若有朝一日你功成名就，动摇了他们的优越感，他们就会变得极富攻击性。这种特性使得他们很难跟人相处，也可以说，和他们交往越深，禁忌越多。

动不动就说"反正我这种人……"的人

这类的人总是以一种别扭的姿态待人接物。

譬如，你毫无恶意，也没说什么难听的话，可对方却兀自破罐子破摔："反正我这种人，笨手笨脚的，不像你们那么麻利。"给人一种消极反抗的意味。

又譬如，你并没有责怪的意思，可对方却曲解了你的话，觉得自己被戏弄、批评、背叛了，等等，于是负面心态满溢，心生委屈，进而发起反击。

一般来说，如果对方在感到不悦的当时就表达自己的不满，我们一定会意识到对方误解了自己的意思，加以解释并消除误会。可怕的是，对方当面不说，却在背后造谣生事，诋毁我们，或者给我们带来麻烦。

事实上，这类人待人接物之所以这么别扭，是因为他们心中的"承认欲求"没有得到满足。

所谓承认欲求，是指想要被他人认同、接受的欲望，也是人类最基本的欲求之一。不论是工作、学习能力，还是生活中的兴趣爱好、为人处世等方面，每个人都希望自己有一个擅长且获得他人认可的领域，否则就会处于极度渴望他人认同的"饥饿状态"。通常情况下，无法获得认同便无法感受自身价值，因此这类人内心的承认欲求比常人更为强烈。一旦别人没有如其所愿给予认可和赞赏，他们就会立刻受挫，激起敌意归因偏差，认知受到扭曲，然后从对方单纯的言行中曲解出恶意来。破罐子破摔的接受方式是他们最常见的攻击性反应——他们生闷气或是闹别扭，都是因为他们想要得到表扬却没能如愿引起的。客观地说，他们做的事其实并没有特别值得表扬的，只不过是他们被表扬的期待落空时兀自觉得被轻视、背叛，他们为此感到受伤，于是发怒。这也是本书第三章所说的挫折激发攻击性的典型表现。

一旦有了攻击欲望，这类人就会找对象发泄。按理说，他们的攻击对象本该是令他们感到受挫的人。但大多

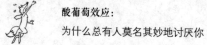
数情况下,他们会将自己的怨气发泄到无辜的人身上。举个例子,某人一直想争取的晋升岗位被与其同时进入公司的同事抢了先,眼睁睁看着对方升了职,于是在和另一位朋友说话时,他会为对方一句窸窣平常的话感到气愤,回到家之后,他可能因为家人的关心而大发雷霆。

需要特别说明的是,在职场上,比较笨拙、没有建树的人往往会因为感觉不到自身存在的价值,于是很容易从他人的言行中感受到敌意,并予以反击,所以跟这类人接触时,必须要谨慎、小心。

"得不到回报"的心理太过强烈的人

他人的拒绝、排斥，或者因他人而受到拒绝、排斥，是激发人的攻击性的重要因素。

不少人也许有过这种经历：你为了不妨碍某位友人备战考试，于是就没有邀请对方参加朋友聚会。结果下次见面时，你发现对方眼神闪避、态度生分。出于困惑，你询问对方缘由，没想到对方显得很生气，指责自己冷血，挑拨朋友之间的感情，还装出一脸若无其事的样子。要知道，你明明是为对方着想，却被其误解成排斥行为，导致双方相处尴尬，还无端受到了指责，甚至还有可能背后遭其诋毁。

心理学家利里等人曾提出"社会计量理论"。许多心理学实验对该理论进行了探究，结果表明：当人们为他人所接受时，其自尊心增强，攻击性较弱；反之，若是被人拒绝，其自尊心下降，攻击性较强。另外，以儿童为对象的一项实验也证明：有被孤立经历的孩子，其后续的攻击行为会增多；认为自己被讨厌了的孩子，其攻击性比普通孩子要强。根本原因还是敌意归因偏差，这使他们从对方的言行中曲解出恶意，由此变得富有攻击性。反过来，心理学研究也表明，当人们认为自己存在一个立足之地、归身之所时，其攻击性就会得到有效抑制。

对于日本人而言，与其说是"就职"，不如说是"就社"。在他们看来，入社为安，即一旦进入了某公司，便要充分沉浸在职场的人际关系网中，甚至把公司当成自己的归宿，相当有主人翁意识。正因为如此，日本人对"被孤立"这件事异常敏感，很容易产生敌意归因偏差，从而诱发攻击行为。

基于此，我们必须关注身边那些职场关系不协调的人、因没有真正推心置腹的朋友而感到孤独的人、认为自己在家庭中没有立足之地的人，等等，因为他们存在敌意归因偏差的可能性很高，稍有不慎，就很容易在我们背后发起攻击。

妄自菲薄的人

有些人总是张口闭口说一些贬低自己的话。

设想一下，某个同事对你说："虽然我是大学毕业生，但我的学校不怎么样，我也经常被人说有点儿傻乎乎的。"你回答："怎么可能，你工作做得很好啊。"再看对方，他嘴上很谦虚，脸上却充满了笑意。假如类似的对话发生得太频繁了，你肯定不会次次都认真应付，只要忽视了一次，对方就会生气："你果然就是在小看我。"这时，你感到不妙，慌忙补救："抱歉，刚才忙于手头工作，没听到，你说了什么？"你好说歹说，总算是控制住了场面，但不料事情又回到了最初那种无限循环状态，你为此感到精疲力竭。

类似的事情不单发生在职场上，还经常出现在妈妈友里。譬如，一位妈妈说："我家孩子这次成绩又差得不能看。跟我一样，笨，真是没救了。"你听了赶紧打圆场："哎呀，孩子才刚上小学，只要好好学习，成绩很快就能提上去。"没想到对方却不高兴了："其实吧，也没差到那个地步。"她的语气让你觉得自己好像说错了话，紧接着下一秒，你突然明白了，原来对方只是想听你说一句："开什么玩笑，您的孩子没那么差吧？我记得不是班上前几名吗？您这要求也太高了吧？"

喜欢贬低自己或与自己相关事物的人，其实是想在此基础上被对方否定，以消解自己内心的不安。譬如上面例子中的同事，其内心一直担心自己被看低，本想借由对方说"怎么可能"来抚慰自己的不安。那位妈妈一直担心自家孩子成绩不够突出，所以希望对方说"您的孩子没那么差吧"来打消她的疑虑。

因此，当他们没能如愿获得对方的"否定"时，心情就会急转直下。到头来，明明是自己妄自菲薄，还怪对方不识抬举。如果对方是聪明人，尚且能把话圆回去，把场面控制住。否则，事态就无法被控制，任其发展，最后一定会谣言四起："那人总把人当傻瓜，仗着自己学历高就沾沾自喜。""她就是看不起我家孩子，明明自己家孩子也好不到哪里去。"

所以，面对那些经常贬低自己的人，我们千万不要随意附和，否则后果不堪设想。

一意孤行、刚愎自用的人

刚愎自用的人总是坚信自己的想法绝对正确。

按理说，不同的成长经历塑造出不同的性格和价值观，导致不同的人对事情轻重缓急的排序不同，看问题的角度也各有差异，没有绝对的正确与错误之分。但有的人却全然不顾及这些，坚信自己的想法一定是正确的。只要有人提出不同的意见时，他们便会有"举世皆浊我独清"的想法，并彰显出自命不凡的正义感，极力为自己辩驳。

我曾写过一本书，讨论的是"反应过剩社会"的问题，其中有一个例子，讲述了一个暗自努力的高中棒球队女经理在网络上遭受批判的事（榎本博明《"反应过剩"

社会的噩梦》[①]）。

这件事源自一篇新闻报道，讲的是一位辛勤付出、支撑自己高中的棒球队打进夏季甲子园全国高中棒球联赛的女经理的事。报道说："女经理为了继续做后勤工作，从旨在培养学生考上名校的重点班转到了普通班学习。最终，她的付出得到了回报，这令她非常高兴。"她的事一时成为佳话，但批判也纷至沓来。许多人觉得这位高中棒球队女经理不应该牺牲自己的前程去给棒球队员当后勤。他们认为，她的选择跟社会对女性角色的定位、女性受到歧视密不可分，并因此引起了激烈的争论。不料，女经理却站出来说："我很感激带领全队打进了甲子园的队员们。我既不后悔自己转入了普通班，也不后悔自己选择留在棒球部里。我对自己所做的事非常有信心。"此外，还有人讽刺说，这件事引起的巨大反响可能对这位女经理的大学保送考核很有利。关于这一点，女经理也果断回应："接下来我会努力学习，不通过保送，而是参加统一入学考

---

① 日版原题：《「過剰反応」社会の悪夢》，榎本博明著，角川新书出版。

试，以此反击那些说风凉话的人。"

本质上来说，不管是成为棒球手去主宰比赛，还是成为经理人从旁协助，抑或是优先准备大学的入学考试，这些都是当事人自己的事，他们有权自行决定，毕竟不同的人有不同的活法和想法。而批判女经理的那些人们却不考虑个体差异性，一味认定自己的观点正确，用自以为是的正义感对这位女经理及其学校予以批判。

对于这种人，不管你说什么都是没用的。

他们并不会站在他人的角度思考问题。面对不同声音，他们会斥之为荒谬，加以反击。若这么做没能使对方"回心转意"，他们就会大发雷霆，出言责难："为什么你就是不懂呢？不可原谅！"因此，和这类人扯上关系非常棘手。

坚信自己很特别的人

还有一类太过自恋的人，与之相处也很难。

自恋心理人皆有之，因为不管对谁来说，自己总是独特的。恼就恼在，有些人自恋过度，变成了自私，完全不顾他人的想法和感受，一味索求。

譬如，当他们需要帮助时，不管别人愿不愿意，就指使对方去做，可当别人向他们求助时，他们就表示"没空""不可能"，拒绝得干脆利落。也就是说，他们自己有麻烦了，别人有义务提供帮助，而轮到他们伸出援手时，就对别人的困难视而不见。当然，你完全可以拒绝他们，只不过，一旦如此，他们就会生气，因为他们的要求没有在你这儿得到满足。

这类人心中坚信自己是最特别的，大家都应该围着他们转。他们不懂什么叫施与受，什么叫礼尚往来，只会索取，从不付出。关于这类人的心理特征，我们可以参考"自恋型人格障碍"的诊断标准。

自恋型人格障碍，是指持续显示出显著高于其所属文化期待水平的、偏颇的内在经历和行动。而"偏颇的内在经历和行动"，一般可理解成扭曲的认知、剧烈的情绪反应、不安定的人际关系、无法控制自己的冲动等。

通俗地说，自恋型人格障碍将"独特意识"极端夸大，幻想自己功成名就、德高望重。

美国精神医学会所发布的第四版（修订版）《精神疾病诊断和统计手册（DSM-IV-TR）》[①]（第五版DSM-V里并未做重大修订）里写道，"自恋型人格障碍的常见特征有三个，即夸大自我价值、欲求获得赞赏和缺乏共情能力。"

在下列9条中，符合其中任意5条或5条以上，便可被

---

① DSM-IV-TR，全拼为 Diagnostic and Statistical Manual of Mental Disorders，即《精神疾病的诊断和统计手册》，2000年发行的修订版被临床工作者和研究者们称之为DSM-IV-TR。在美国，最广为接受的分类模式是由美国精神病学会制定的。

诊断为自恋型人格障碍。

1.夸大自己的天赋和成就。

2.沉浸在对成就、权利、美貌或是爱情的空想之中。

3.认为只有非凡的人才能理解自己的特殊之处。

4.无止境地寻求褒扬。

5.特权意识强烈，无论什么事都期望被特殊对待。

6.若无其事地攫取他人利益，利用他人。

7.显著缺乏共情能力，无法理解他人的情绪和欲求，或者根本不在意。

8.嫉妒心强烈，抑或是将自己的嫉妒心投射到他人身上，坚信他人在嫉妒自己。

9.自大、傲慢。

以上是自恋型人格障碍诊断基准的精简概括。我想，许多人看了这些条目，脑中都会下意识地浮现出一两个身边人的样貌。

如今的时代，自恋很容易被激发，而且自恋的人比比皆是。值得一提的是，太过自恋的人通常有敌意归因偏

差，爱冲动，并且疏于管理自己的情绪，一旦得不到自己
所期待的回应，攻击性就会变得很强。如此说来，与这样
的人深入交往，似乎是一种十分危险的举动。

习惯性消沉的人

　　前边曾经提过，众多研究已经证实了抑郁和攻击行为之间有着千丝万缕的联系。本质上来说，抑郁与悲观的处世态度、负面的认知扭曲密不可分，这其中包含着类似敌意归因偏差等认知障碍。此外，还有很多实验数据显示，嫉妒也会引起攻击性，由此可以推断出，容易嫉妒的人也容易焦虑和抑郁。

　　总之，容易消沉、嫉妒、有抑郁倾向的人看待事情比较负面，再加上敌意归因偏差，他们会从对方单纯的言行中曲解出恶意，进而发起攻击。比如，你看见朋友很消沉，出于好心上前开解，不料反被指责"幸灾乐祸"，你一时哑口无言。又比如，一位同事情绪低落，于是你请他吃饭，以示鼓励，结果对方却说你借着他们的颓废来凸显自己的优越感，你一时愕然无语。这些都是敌意归因偏差所致，带有这种情绪的人总觉得身边人的一言一行都是在伤害自己，出于防御本能，他们就会无意识地发动攻击。

有研究指出，抑郁情绪似乎与大脑机能缺陷有关。譬如，抑郁症之类的情感障碍被认为是由于前额叶皮质无法正常发挥功能，杏仁核的调节功能失常所造成的。这种大脑功能缺陷会导致患者对无害刺激产生过度反应，容易使人陷入焦虑和恐慌，而这跟攻击性反应有着非常直接的关系。

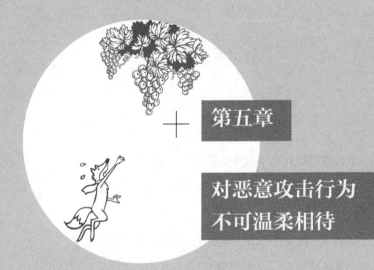

第五章

对恶意攻击行为
不可温柔相待

——面对危险之人的对策

反驳会带来反效果

第四章已经介绍了有危险征兆的人常见的一些特征。那么，如果你发现自己身边有类似的危险人物，该如何应付呢？

在本章开出处方之前，需要各位明确一点：这些危险人物不可能理解你，所以你的解释苍白无力。明白了这一点后，请你对照处方，进行自保。

首先，面对那些恶意中伤你的人，无论他们说什么——大错特错的批判，或者是挑衅滋事——你都不要反驳，因为这么做只会火上浇油，让对方拼命地对你进行猛烈的攻击。你需要做的是，不管他们说了什么不中听的话，你一概听之任之，一只耳朵进，另一只耳朵出。就算他们话有可能让你动怒，你也要控制自己的情绪，别跟他们较真。一旦你控制不住跟对方争辩起来，就有可能被卷入是非，深陷泥沼。

有一点要注意，你不能表现出太过明显的无视行为。如果被他们发现你是在敷衍，他们可能会更加亢奋，攻击强度也会更强一些，所以你要把握好分寸。比如，找一个适当的借口——赶时间、与人有约等，迅速离开现场。有时候，就算你给出真实的理由，对方仍然会纠缠不休，究其原因，他们一般不会冷静听对方说什么（具备这种心理状态的人一开始不会武断地单方面向对方发起攻击），只要他们断定你找借口、说歪理、不懂倾听，就会越想越愤怒，越来越具有攻击性。

假如恰好这类攻击性强的危险人物是你的上司或者客户，那么你就不能简单地无视他们了，究竟该怎么办呢？

这种情况下，非常重要的一点是，你必须保持理性，斟酌用词，郑重而礼貌地回绝对方。如果现阶段你被他们的气势压倒，答应他们，之后他们就会得寸进尺，不断提出更多的无理要求。当然，你不能直截了当地对他们说"不可能"，否则他们会突然变得极具攻击性。在反驳或是

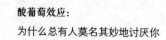
拒绝对方时，切忌硬碰硬，你要晓之以理，动之以情，弄清对方的真实想法，然后有针对性地提出自己的意见和具体依据，说明事情为什么不可行。

如果你预感对方可能在给你设圈套，就要尽量避免与对方单独谈话。若对方是你的上司，就尽量挑同事们都在场的时候与其商讨；若对方是客户，就找个靠得住的同事，说明情况，请他/她陪你一同前去谈判。这么做的好处是，一旦上司或客户找你的茬儿，现场又没有人证明你的清白的话，你就会非常被动。

正面应战会带来反效果

听到有关自己的谣言时，最重要的是不能轻举妄动，因为恶意中伤你的人目的就是希望你陷入绝境。如果你为此慌了神，那么就正中了对方下怀，他们的自我效能感会上升，进而发起更猛烈的攻击。也就是说，一旦对方认为他们的行为起到了作用，会在原来的基础上煽风点火。所以你要切记：遇到类似情况，必须按兵不动，以免真的被对方算计。

随着互联网的日益发展，谣言不再局限于口头传播，有人会通过社交网站发帖说你的坏话。若是某一天突然在网上看到了针对自己的恶意中伤，任谁都不会有好心情，再想到它们暴露在成千上万人面前，或许你更绝望，甚至气得浑身颤抖。但是，请记住，对方期待的正是你做出这种反应。若是你因此怒气冲冲、回帖对骂，对方就会因为你的接招而愈加兴奋、得意，写下更多攻击性的话。

如果你自己发现网上有中伤自己的话时，除了无视以外别无他法；如果你是经他人提醒才知道，那就不要去看那些话，因为一旦看了，你的心情势必会低落，为了这样的人、这样的事影响自己的心情，实在得不偿失。况且，不管你在不在意，网上的那些言论都不会消失，该看见的人依旧会看见，索性任他们闹腾，自己不掺和，维持好心情。当对方发现抛出的诱饵没能让鱼儿上钩，自然就没了成就感，时间一长，他们就会自觉没劲，从而放弃。

对恶意攻击行为不可温柔相待

　　经常有人感叹，自己因为同情对方处境艰难而加以慰问，结果却深陷流言蜚语当中，备受打击。有类似经历的当事人或许怎么都想不通，为什么事情会变成这样，为什么对方要背叛自己。

　　至于原因，是无能之人经常陷于被戏弄、被蔑视的惶恐中无法自拔。换句话说，是心中"受轻视的恐慌"激发了他们的攻击性。这类人很难意识到对方是好心提供帮助，相反，他们的注意力往往会放到"对方比我能干"上。

　　正因如此，他们总是为一点儿鸡毛蒜皮的小事而怨恨别人，就算他们表面上似乎感激涕零，"被看扁"的心情却早就在内心占据了上风。他们觉得对方的苦口婆心犹如胜者的教导、干将的指示、智者的提携，尤其那种自上而下的俯视，正击中了他们心中那"受轻视的恐慌"，令他们极为恼火，使其坚信自己受到了蔑视，于是怒不可遏。

对待这类人，切记不可太过亲切。特别是那些工作上没有什么建树的人，他们心中抱有"受轻视的恐慌"的可能性非常高，而且通常会把你的好心当成驴肝肺，或者觉得你站着说话不腰疼，抑或是认为你在幸灾乐祸。因此，为了避免节外生枝，请务必抑制住你的菩萨心肠，若无必要，千万不要和这类人有任何瓜葛。

不要鼓励容易消沉的人

一般来说，别人陷入消沉时，我们不免会同情心泛滥，跟他们说说话，开导他们。但棘手的是，和容易消沉的人打交道很容易惹祸上身，所以你必须时刻加以注意。

第三章已经介绍过，抑郁和攻击性存在关联。容易消沉的人看待事物比较负面，而负面的认知会消磨积极情绪，使整个人的行事风格变得阴沉起来，而这与攻击性意识、行动密切相关。此外，第四章还介绍了敌意归因偏差给这类人带来的麻烦。所以，我们出于同情的鼓励在他们听来就显得"站着说话不腰疼"，从而激起他们的愤怒之感，并予以攻击。

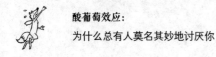

因而，若对方不是你特别亲密的同事、前辈、晚辈的话，你最好不要贸然对其施以同情，否则对方很可能在背地里对你倒打一耙。

对上司要"三及时"

　　一般而言，在职场上很难对上司做到"三及时"——及时报告、及时联络、及时商量。大多数的上司会让你"看着办"，导致你不由得顺着杆子爬。倘若上司看起来很忙，那你就更不想去麻烦他了。

　　实际上，员工若不做到这"三及时"，总有一天会遇到麻烦。指不定哪一天，公司里传出这样的声音：××把上司当傻瓜，××做事不和老板商量，等等。于是你的阵脚彻底被打乱，愕然无措却又疑惑不解——自己明明从来没有过那种想法，为什么大家这么说呢？

　　问题在于你对上司太客气了。

　　事实上，这类"客气"很容易旁生枝节。很多实例证明，那些不管上司忙不忙，凡事及时汇报的下属不但不会被找麻烦，反而会获得上司的青睐。

为什么？

要回答这个问题，我们先来审视一番上司的"不安心理"。作为上司，一定非常在意部下如何看待自己、是否信赖自己，换个角度来看，他们内心潜藏着不被下属信赖的恐惧。因此，如果下属经常来找自己商量，或者及时向自己汇报工作进度，上司就会觉得自己被信赖、被尊重，并从中体会到自己的价值。由此可以看出，"三及时"并非只关乎工作进度、防止下属恣意妄为等现实意义，还涉及"上司内心顾虑"的心理意义。

若下属因顾及上司事务繁忙而选择尽量不打扰他们，他们反而容易产生自己不被下属尊重、自己的意见不被重视等负面情绪，认为自己的价值遭到了否定。要知道，这类上司一旦闹起情绪来，其攻击性会更强。

特别需要注意的是，越是功绩不大的上司越缺乏自信，他们心中的不安也越为显著，所以他们非常容易从一件单纯的小事中释读出恶意，进而认定自己被无视、被看轻，并出于自卫本能发起攻击。

作为下属，千万要注意用"三及时"来慰藉上司的不安心理，做到这一点具有十分重要的意义。再小的事，先报告了再说；再无谓的问题，先和上司商量了再说。这种境况下，无论是报告还是商讨问题，其意义已经不在于事情重要与否，而在于报告行为本身。不怕一万，只怕万一，做到"三及时"，才能防止意外的发生。

如何对待背地里满腹牢骚的下属

职场上总有些下属背着上司牢骚满腹，这样的下属往往资质平庸，压力滞留，所以才不得不通过抱怨或是说坏话来发泄心中的积郁。

实际上，这类下属已经隐隐约约察觉到自己的不争气，虽然对现状感到不满，却没有勇气挑战自己，扭转眼前的局面。相反，为了逃离不快感，他们刻意忽视自己的不成器，转而去说上司、同事的坏话，借此排遣心中的愤懑。

面对这类人，你若是明白了他们的心理，他们诽谤中伤你的时候，你的心里多少会好受些。

要提醒你的是，明白了其心理之后，切忌不顾一切、劈头盖脸地揭下他们的伪装。因为这么做会让他们觉得自己的自卑情结暴露在外，有失面子，从而对你发起更猛烈的反击，使事件再度恶化。

对上司来说，最重要的是满足这类不安定的下属心中的"承认欲求"。只要有适合他们做的事，或是能发挥他们的长处，上司完全可以交给他们去做。同时，交付任务的时候可以试图征求他们的意见，比如："你觉得该怎么办？""这件事交给你去办，行吗？"这样一来，他们感觉自己受到了尊重、器重和信任，承认欲求得到了满足，心情自然也就好了。

第三章在详细解释"挫折—攻击假说"时曾提到过，未得到满足的承认欲求会引发受挫，容易使人变得具有攻击性。然而，若承认欲求得到满足，人们的注意点就会从抱怨、中伤等负面行为转移到竭力回应他人对自己的期待上来。这里要说的是，上司必须要注意资质平庸的下属心中的"积极错觉"。前边提到过，不少心理学研究证实，绝大多数人都认为自己的成就高于平均水平。小酒馆中工薪族们的闲谈也透露出，很多白领都认为自己没有受到正当的评价，也没有得到应有的回报。可见，能力越差的

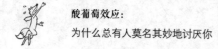

人，其积极错觉越严重。这就是所谓的"达克效应"。

我们在与人交往时，首先得认清一条心理法则：任何人都无法客观评价自身。就算是不成器的人，他们的自我评价也永远比其实际水平要高，以至于他们时常认为自己没有得到正当的回报。

掩饰好你的"现充①"

第三章在解释"schadenfreude"时，曾提到过嫉妒心会激发攻击性。

如此看来，你若不想受到他人的恶意攻击，就必须小心谨慎，极力避免被别人嫉妒。但事与愿违，偏偏有人喜欢得意扬扬地把自己愉快的心情、充实的日常、奢侈的生活展示给别人看。这其实是非常危险的。

你这么做，一旦被嫉妒心强的人看到，就很有可能遭受无谓的攻击。

有这样几个例子：

———————————

① 现充：リア充。日本网络用语，意指"现实生活充实的人"。

某人出门旅行时拍了些照片上传到自己的社交主页，不久就有朋友留言，言语完全是一种吃不到葡萄说葡萄酸的态度，其嫉妒之心溢于言表。

　　某位太太带孩子们去游乐园玩，顺手上传了几张照片，结果被妈妈友们说三道四。这件事让她意识到，窸窸平常的小事也会引来别人的嫉妒。

　　一位白领正备战某资格考试，希望能争取到晋升的机会，于是就在社交网站上发表了自己的感叹，不料遭到同事们的挖苦。这位白领从此体会到，绝对不能刺激身边的人。

　　类似这样的事例还有许许多多，给我们的启示是：不要将自身状况轻易示人，否则很容易引起别人的嫉妒，惹祸上身。

　　人的攀比意识普遍较强，只要看到别人幸福，就会忍不住将其跟自身的不幸作对比，进而陷入消沉。当然，聪明的人明白"别人是别人，我是我"的个体差异，但绝大多数人不会这么想，换言之，他们没有看开的心态，会不由自主地在意别人的状况。

　　还有一点就是，对待朋友千万不可掉以轻心，事实证明，越是与你走得近的人，越容易跟你进行攀比，即跟你越熟的人，越有可能嫉妒你。细想想就能明白，若是一个陌生人飞黄腾达，对方也许不会有太多的想法，但若是一个同事加薪升职了，嫉妒之心会让他们按捺不住。

再强调一遍：将昔日的愉快回忆珍藏在心间，千万别轻易显露，因为你的炫耀会引燃嫉妒的火花，并极有可能顺势燎原。

把成绩归功于"运气"

虽然本书一再提及嫉妒心的麻烦之处，但我们在面对他人的成功时，还会表达我们的祝福和羡慕。这时，如果对方是谦虚的，那么好的心情就会在我们心里占上风；反之，若对方扬扬得意，那么我们的羡慕之情就会压倒祝福之心，更有甚者会忍不住想抹黑对方。

了解了这一规律，我们就要时刻以谦虚的姿态示人。比如，你想防止被周围的人嫉妒，就得把"看来运气不错""偶然而已啦""多亏了大家"等方面的谦辞当作口头禅。否则，稍有怠慢，你就可能受到攻击。

通常情况下，人们会嫉妒成功人士，特别是当对方的境遇跟自己的很像时，攀比心理很容易被激发，并嫉妒对方。

正如前文提到过的自我评价维护理论，说的是当他人成功的领域不太受自己重视时，与之攀比的意识就不会产生作用，自我评价也不会下降；但如果其成功的领域与自己的关联度很高，那么攀比意识就会变得异常强烈，自我评价会容易降低。

举例来说，对于一个在建筑行业工作的人，如果他在科研所或是市政府工作的大学同学获得了成功，一般不会与之攀比，也不会受多大的刺激，但如果同在建筑业的大学同学成功了，他的攀比意识就很可能受到强烈刺激。

对于营销人员来说，若人事部或宣传部的人晋升了，他也许不会太在意，但要是同为营销岗位的同事晋升了，就会激发他的攀比意识，他的嫉妒心也会开始作祟。

总之，职场中人容易跟自己同时入职或年龄相近的人攀比，因为彼此有某种共同点——同行业、同岗位、同时入职等，且共同点越多，彼此的刺激性就越强。鉴于这一点，我们必须谨记：借助上述"口头禅"，有效避免遭到嫉妒心的攻击。

第六章

重度沉迷智能手机将会摧毁你的"理性"

——助长病理的网络社会

为什么网络上"放冷箭"的行为如此显著

因嫉妒而攻击，对他人"放冷箭"的行为自古有之。只不过，在没有互联网的时代，嫉妒心强的人四处散播谣言，或是絮絮叨叨挖苦；而有了互联网之后，"挖苦"呈现出另一番风景——攻击他人变得轻而易举，更可怕的是，不论中伤的话针对谁，都会一下集中扩散开来，不用挨个儿在人前说。从某个角度来看，网络能让人产生巨大的自我效能感，只要花点儿心思，就能把一个人搞得声名狼藉。事实上，因社交网络上的流言感到苦不堪言的人数不胜数。

以前，互联网没有普及，流言的传播方式是口耳相传，理性的人听了，可能会对对方的言辞产生怀疑：

"真的？虽然我不认识你说的那个人，但也可能是你误会他/她了。"

"你是不是在吃醋啊？"

或者会开解对方：

"不至于气成那样吧？说不定对方有什么苦衷。"

"道不同不相为谋，就算你很在意也于事无补，不如放下。"

散播谣言的人见收效甚微，可能会觉得无趣，被迫选择罢手，毕竟见到谁都重复同样的话，次数多了，他们也会感到腻烦；抑或是他们突然对自己的行为感到羞耻，主动停止攻击。

现在呢？不管你想诋毁谁，只要把诽谤中伤的话贴到网上，就能给对方造成一定程度的致命伤害。而且这样做简单易行，许多人在气头上的时候很容易采取这种攻击方式。

甚至，鉴于网络的便捷，除了身边的人，许多人也将罪恶的手伸向并不相熟的竞争对手。大约三年前，一位高人气的轻小说①作家反复在2ch②上匿名诋毁另一位被其视为竞争对手的作家，并自导自演夸赞自己的作品。可以说，这起事件是如今这个能轻易对他人发起攻击的网络社会的真实写照。

---

① 一种盛行于日本的通俗文学体裁，可以解释为"可轻松阅读的小说"。轻小说是以特定故事描绘手法所包装的小说，其手法的特色在于提高故事传递给读者的效率。通常使用动漫风格的插画吸引读者，是一种娱乐性文学作品。

② 2channel（日语2ちゃんねる），简称2ch，是一个大型日本网络论坛，也是一个非常巨大的留言板集合体，网域名称的正确拼法是（2ch.net）。

为什么网络会刺激人的攻击性？

网络攻击行为十分常见。

在著名社交网站推特上，经常能见到攻击性言论。许多人在推特上看见关于自己的负面信息，忍不住会发表带有火药味的回复。这种存在于网络空间的互动，总有一种不容对方反驳的感觉，仿佛大家讨论的目的不在于促成共识，也不在于晓谕真理，而是穷追猛打，只要对方不认输就绝不罢休，以此来彰显自己的优越感。更令人吃惊的是，现实生活中看上去拘谨老实的人偶尔也会在社交网络或线上游戏里一转固有形象，变得满口脏话，骄纵蛮横。

为什么网络上的攻击性言行这么多呢？

最主要的原因是，网络让人毫无顾忌、为所欲为。

面对面谈话时，若自己把话说重了，对方就会呈现出受伤、生气、困扰或是悲伤的样子，其表情、声音、语调等全都一览无余地反馈到我们自身的感官中。更糟糕的是，双方很可能因为反驳引起尴尬或冷场。因此，当面交锋时，彼此为了顾及对方的感受，攻击性言论就没那么容易说出口了。

　　而在网络上，彼此互不认识也不必直面对方，其表情、举动也都看不见，因此，不管想说什么，写成信息直接点击发送就行了，根本不需要顾及太多。况且，就算这些信息会引起对方不满，那也是以后的事，编写和发送的时候何须在意这些？或者说，不论对方有何反应，信息发送者接收到的也只不过是对方反馈的文字而已，对其表情、举止、语调等都不会有什么实感，自然无法体会对方的伤心或是愤怒。这一点在网友发表关于名人绯闻的评论时尤为明显，反正和对方打不上照面，离着也十万八千里，因此完全不会顾及对方的感受，想怎么说就怎么说。再比如，评价工作人员"态度差"时，既不知道其姓名，今后也不打算再跟其打交道，于是很容易不考虑对方的感受，急于发泄自己的不满情绪。

基于上述情况，人们很容易借助网络传达自己欠考虑的攻击性言论。就算引起对方回击，再反击回去就是了。如此你来我往，造成了网络攻击性事件的普遍性。

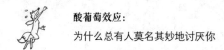

互联网所给予的"虚幻的万能感"

互联网诞生之前，能够向世人传达信息的只有媒体从业者以及各类专家；互联网兴起之后，谁都可以利用它发送信息，有时候甚至可能会产生巨大的社会影响。

如今，作为一名消费者，其任何批判言论都可能成为企业陷入风波的因素，被穷追猛打，直至出现经营危机。如果有些人因此体会到互联网的威力，就会觉得自己的影响力巨大，互联网可以帮自己达成所愿。于是当他们面对明星、政客、企业的丑闻时，就很容易产生"无法容忍"的想法。或者当他们因店员、医护人员等不友好的态度感到气恼时，也会想要教训他们一顿，而发泄的途径首选就是在网上发表一些攻击性言论。

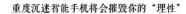

　　此外，喜欢在互联网留言的人，其自我夸大感非常强烈，总认为自己是绝对正确的，于是容易固执己见，一旦发现自己的言论遭到了反驳，他们就会愤而迎战。甚至有时候对方并非否定他们，只是单纯地提出质疑，结果却遭到他们连珠炮似的回击，从此对网络世界抱有恐惧感。

　　自我夸大的人容不下不同的声音，他们四处留言是为了彰显自己的优越感，且绝不允许自己的优越感受到动摇。因此，就算面对毫无非难之意的随口询问，他们也会认为受到威胁，进而对无辜的人发起反击。

网络攻击已成常态？

目前，互联网用户对网络上的攻击性言论到底有着什么样的看法呢？

经济学家山口真一等人曾为此进行过一次态度调查（由多摩大学情报社会学研究所与调查公司My Voice联合在Internet Monitor平台上进行的调查，共有19992人参与。——田中辰雄、山口真一《互联网争议事件的研究》[①]），结果显示，大家对互联网上的互动行为有如下印象：

---

① 日版原题为《ネット炎上の研究》，田中辰雄、山口真一著，劲草书房出版。

·曾在网络骂战中被攻击，有不愉快经历的占28%

·比起现实世界，互联网上诽谤中伤、攻击性强的人更多，占72%

·认为互联网很恐怖的占70%

·认为要在网上发言，必须先具备不畏诽谤、不怕中伤的强大心灵的占63%

·认为毫无顾忌、畅所欲言是互联网的一个优点的占43%

·认为在网络上语气强烈地相互发难实属正常，无甚大碍的占13%

虽然"曾在网络骂战中被攻击，有不愉快经历"的人只有28%，但调查显示，经常在网络上发表言论的人高达60%。

"比起现实世界，互联网上诽谤中伤、攻击性强的人更多"这一观点，完全不在网上发表评论的人中，赞同人数约占68.7%；经常在网上回帖的人中，赞同人数超过了八成，达到83.7%。而且上网时间越长的人，越认同这种观点。调查还发现，每天上网1小时以下的互联网用户中，有63%的人认为，互联网上攻击性强的人比现实中要多，

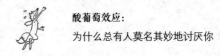
而每天上网5小时以上的用户中，认同这一观点的人数比例上升到了83.4%。

正如调查所表明的那样，很多人认为互联网"诽谤中伤、攻击性强的人更多""很恐怖""要发言，必须先具备不畏诽谤、不怕中伤的强大心灵"，并且越是长时间接触互联网、熟悉情况的人越感到互联网空间里洋溢着攻击性。这么看来，互联网给人的这种"攻击性强"的印象应该不是先入为主，而是真切的事实。

匿名性是攻击冲动的导火索

网络攻击问题为什么会如此惹眼？其中还有一个很重要的原因，就是互联网的匿名性。

互联网的匿名性使攻击者在不暴露自身的前提下肆意摧残对方，以至于那些在网上有过不愉快经历的人将自己受到的创伤归咎于此。有意思的是，利用攻击性言论去伤害他人的人也认为"匿名性"是罪魁祸首，正因为如此，自己才不自觉地下了重手。

匿名性会促进攻击行动，这不仅被现实生活经验所证实，同时也得到了心理学实验的验证。

心理学将这种匿名性称为"去个性化"。对此，心理学家津巴多曾做过一个很有名的实验。实验中，半数的参加者穿上包裹全身的实验服并蒙上脸（去个性化条件）。

另一半的参加者则穿着自己的衣服，并带上姓名牌（个性化条件），以明确彰显他们的个性。之后，两组参加者都被要求在"学生"犯错时按下眼前的电击按钮（假）对他们实施惩罚。实验结果表明，去个性化的参加者给予"学生"的电击强度是未被去个性化的参加者的两倍。由此可知，匿名性会刺激人们的攻击性。

这是一个悲伤的事实——人类实在是一种非常弱小的生物。

当心中涌现出想抹黑他人的丑陋想法时，人们会竭力找理由抑制住攻击冲动，觉得这么做"太卑鄙了""太不体面了"，可一旦受到了匿名保护，他们的心理防线便会渐渐崩塌，不由自主地败下阵来。

匿名的互联网环境成为人们攻击他人的主要手段，拜其所赐，越来越多的人败给自身的冲动，发表攻击性言论，事后又悔不当初，产生严重的自我厌恶感，伤及自尊心。到头来，那些恶言恶语在中伤他人的同时，自己也没落下什么实际的好处。

为了一时爽快而做出的发泄行为，后果不堪设想。由此可见，"匿名攻击"是一把双刃剑，伤人又不利己。

剥夺人类理性的智能手机

许多人在便利店买东西时，若对店员的服务态度感到恼火，出了店门就会立刻联网将那家店及店员臭骂一顿。

尤其是智能手机普及之后，此类行为一下子多了起来。任何人无论何时何地都可以发表言论，而这恰恰剥夺了人们冷静和清醒的时间——在气头上，通过手机联网写下攻击性留言来泄愤。

之前，虽然互联网已经兴起，但还处于电脑时代，要想上网得先启动电脑。因此，人们就算在学校、职场抑或回家途中碰到了恼火的事想发泄，当时也无法立刻将其宣泄到互联网上。而等回到家之后，除非执念特别深的人依然想通过网络发泄外，普通的人一般情况下头脑已经逐渐

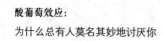

冷静下来，大多时候会选择不了了之。也就是说，在电脑网络时代，就算不是主观意愿，人们还是被赋予了冷静头脑的时间。

然而，在智能手机时代，人们一旦想发起攻击，就会在产生冲动的瞬间编好文字发表出来。这时候，往往容易因其言论缺乏现实的顾忌而引起事端。比如，有人在公司被上司责备了，一时气恼，冲进卫生间一口气写了攻击性言论发到网上。虽说留言是匿名的，但事件的描述太过眼熟，相关人士一看就知道是谁写的，一旦暴露，气氛就会变得很不妙。这是在发怒时，情感占据上风，缺乏理性思而写出来的，会造成严重的后患。又比如，有些人在餐馆里对店员的接待态度感到不满，随即上网给了差评，瞬时让这家店的形象受到影响。

总之，进入智能手机时代后，冲动、攻击性强的网络发言来势汹汹，给发送者和接收者都带来了极不好的体验，也很可能造成两败俱伤的局面。从这个角度看，不得不说智能手机是罪恶的源泉。

24小时处于朋友的监视之中

现在，越来越多的人片刻都离不开手机，总是担心有新讯息进来，自己没看到，不能第一时间回复。

许多人略带强迫倾向地认为，信息必须尽快回复，如果不这样，自己可能会被误解是在排斥或是逃避，使双方的沟通和交流变得尴尬。毕竟，如果发信方看到自己的屏幕上显示消息"已读"，却没有收到任何回复，就可能误解不被收信方重视，即使收信方实际上只是因为忙，腾不出手而已。同样，如果收信方回复后没得到相关回应，也容易胡思乱想：对方到底什么意思？自己是不是惹对方生气了？总之，各种念头环绕在脑中，不得片刻安生。还有些学生甚至因为朋友没有回复自己的信息就自认为被对方讨厌了，于是不肯去学校。

另外，社交网站使人们越来越注意场合与气氛。从前，当人们感到人际关系太麻烦、令人忧郁时，只要远离学校、职场之类的公共场合就能达到清静的目的。但是现在，就算是回家途中也随时会有信息进来，不回复就可能被误解为无视对方，因此即便倍感厌烦也不得不及时回信。总之，不管是乘车过程中还是回到了家，新的信息源源不断地涌入，一刻也不消停地等着你回复。

"真烦。可是不想被孤立。"

"真是懒得理他们，但又不想被讨厌。"

类似的内心挣扎顿时席卷而过。

除非你坚决不在家玩手机，并将这一态度清晰地传达给合作伙伴，否则就不得不一天24小时留心手机，并在不知不觉间积攒大量压力。

时时刻刻把自己和他人联系在一起，这种忧郁渐渐堆积成压力，进而孕育出攻击冲动。

"我受够了。能不能消停一下。"

有这种想法的时候，很容易激发攻击性感情，并在它的暗示下写出攻击性的言论。实际上，一天24小时全天候处于朋友监视下的压力比想象中还要累人，也很容易诱发人们的攻击冲动。

因为怕被朋友排挤，所以不敢谈恋爱

被智能手机束缚在网络上、喘不过气的节奏似乎也妨碍了年轻人的恋爱关系。

鉴于强烈的随大流心理，很多年轻人中信奉一条不成文的规矩——谁都不可以抛下团体中的其他成员率先找到恋人。然而，现实中几乎不可能有大家手拉着手同时找到恋爱对象的情况。因此，不能"捷足先登"就意味着即便自己有了在意的对象，也不能展开追求、正式交往。当大家都聚在一起时，你可以对某个异性做出亲密举动，但如果你们私下交往，就会被嫉妒。

只要团体中的某位成员进入了一段恋爱关系，其身边的朋友就会说你"最近有点儿冷淡"，抑或被挖苦"看来约会比和我们一起玩有趣""居然背着我们自己率先找了对象""好像很得意嘛",等等各种各样的中伤之语开始蔓延,不由得使其感受到此种批判性氛围所带来的巨大压迫感。基于此,许多人就算自己离恋爱仅一步之遥,也禁不住踟蹰不前,因为他们没有反抗"还是朋友/闺蜜好啊"这句话的魄力。

除了顾及同伴的嫉妒心,人们越来越谨慎恋爱的另一个原因可能是忌讳恋爱对象把两人间的私事写到社交网站上。现实中曾发生过这样的事,某人向倾心的对象告白,紧接着整个社交媒体上认识自己的人都知道了这件事,原来被告白的对象发了一条状态,说"那家伙和我说了这种话"。诸如此类的事层出不穷,所以大家更不敢随意告白了。

综上所述,社交网站的普及令彼此间的关系变得十分不自由。

谈了恋爱也绝对不告诉朋友

现实生活中还有这样一类人，他们无论想到了什么都一股脑儿写到网上。写的内容大多没什么营养，看上去不过是抒发一点点嫉妒之情，或是转述一下流行传闻而已。

如果这和以前的"井边八卦"一样，只是当时正巧在场打水洗濯的人之间的临时闲聊也就罢了，没有"会议记录"，大家转头就忘。但那些写在网络上的流言，不仅可能被对方看到，而且会一直留在网上，任何人都可以反复阅读，进而深深地刻在脑海里。这么一来，即便是朋友，对方有事也不敢轻易向你透露，以免失策，被你捅到网上，伴着诽谤和中伤一齐扩散开来，势不可挡。

不少年轻人承认，若公开承认自己正处于恋爱关系中，便很有可能遭到嫉妒，并因此传出些莫名其妙的谣言，搞不好会被刚开始交往不久的恋爱对象看见。想到这些，就不愿意和朋友说自己恋爱了，只能是私底下偷偷交往。

这并不是危言耸听，现实生活中类似被朋友出卖的事情屡见不鲜。譬如，自己把交到了男女朋友的事告诉了特别亲密的朋友，百般告诫他们要保密，结果一转眼这个消息就传遍了大大小小的社交网站。也许泄露信息的人并没有恶意，无非是受小小的嫉妒心的驱使，下意识地将这事写到网络上而已，并没有四处声张的意思，但出乎他们意料的是，这个消息会被传播得如此之快、之广。

智能手机将人们心中的嫉妒心、攻击性等暴露得一览无余，朋友间的关系也因此受到了强力的束缚，这不免使人生显得有些寂寥。

"LINE霸凌"不仅仅是年轻人的专利

被智能手机牵制、苦苦挣扎的并非只有年轻人，正在养育孩子的母亲们也对手机那端的妈妈友们小心翼翼。

为了竭力避免显示出自身优越的言行，遭到妈妈友的妒忌而惹祸上身，许多妈妈不得不隐瞒自己孩子在模拟考试中的优异成绩，或是被老师鼓励考取名牌大学等事。否则，她们很可能会说："虽然您的孩子是学霸，但请不要嫌弃我家的学渣，与他好好相处吧。"不仅如此，还有很大可能会传出莫名其妙的流言蜚语："不就是孩子成绩好点吗，至于这么得意扬扬吗？"

有些妈妈对偶尔全家一起出门旅行的事也闭口不谈，平常聊天讲到小孩子如何如何时也会非常注意，假如一不小心说漏了嘴，对方可能就会酸酸地说，"你家钱多，真好啊""我家上次旅行都不知道是哪一年的事了呢，太羡慕你了"，等等。有的人深谙处世之道，所以一直很注意不说让人嫉妒的话，也会尽力想办法避免被挤兑、被挖苦。

　　曾有一位妈妈，因为忙于照顾家庭和孩子，时常顾不上手机。有一次，她出门购物时偶然遇见了妈妈友中的一个人，双方见面时，对方的态度显得很生硬。出于疑惑，这位妈妈径直问了对方原因，结果发现是因为自己常常不回复其中一位妈妈的LINE信息，她便借此对大家说了关于自己的"坏话"。从此之后，这位妈妈不管多忙都会频繁查看手机，尽可能多地参与到妈妈友的交流中去。

　　在公共场合，大家也许经常看见一些妈妈一边陪着孩子，一边不停查看手机，或许，这些妈妈就是在为了不被挤兑而努力回复信息呢。

互联网使人忧郁

互联网上充满了富有攻击性以及攻击性很强的人，对此，许多人怀疑，是不是上网容易助长攻击性等负面心理呢？通过之前的分析，这种说法毋庸置疑，而且心理学的实验研究也有许多证据表明确实如此。

有数据显示，上网会导致抑郁倾向、攻击性认知与攻击行动，特别是持续浏览含有攻击性要素的内容会促进攻击性认知与攻击行动。

心理学家高比良美咏子等人以中学生为对象进行的一次调查显示，为了交朋友而上网的行为越多，中学生的愤怒情感就越高涨。此外，以结交新友或与网友交流为目的而上网的机会越多，中学生所表现出的"敌意"（"攻击性"在人类认知方面的表现）也越高涨。同样，以小学生为对象的调查结果也显示，小学生为了结识新友而上网同样会提高敌意。

这么看来，上网确实会促进攻击性。那么，为什么会这样呢？

首先，网络上充斥着攻击性，各类争执、骂战数不胜数，天天接触这些攻击性信息，自身就会受到潜移默化的影响，不免暴躁起来。

再者，模仿效应（Modeling）也可能是一部分原因。所谓模仿，是指通过观察他人的行动，自动仿效其做法的一种心理机制。目前我们讨论的语境中，"模仿"是指在目睹许许多多的人毫无顾忌地发表攻击性言论之后，大家自身攻击性的心理刹车逐渐松弛，渐渐出现开始攻击他人的现象。

此外，由于网络上的交流多限于文字，缺乏肢体动作、语调等非语言性信息，导致人们很容易误解对方的意图，这也是网络攻击行为增多的重要原因之一。绝大多数人多多少少都经历过类似的情况，比如在看对方的留言信息时觉得此人非常令自己不快，但假如见到对方本人，竟然发现完全不是自己想的那样。

美国曾进行过一个长达两年的跟踪实验。该实验为93个家庭提供了网络环境，然后在接下来的两年时间里对其跟踪调查，探索上网对人际关系和精神健康产生的影响。结果显示，上网导致人们与家人、朋友的接触减少，增加了其孤独感和抑郁情绪。斯坦福社会计量研究所（Stanford Institute for the Quantitative Study of Society）的一项调查显示，上网减少了人们的各类社会活动，同样也导致他们很少与家人、朋友接触。如此看来，上网会增加抑郁情绪，与身边人的关系淡漠化，使其孤独感增强。而这些表现与攻击性的增强有所关联。

前几章中已经说过抑郁倾向会催生攻击性，然而研究发现，亲友关系淡漠化和孤独感也会催生攻击性。

有人称，网络生活会降低我们大脑中的5-羟色胺（serotonin）。5-羟色胺是一种神经递质，它被认为与挫折性冲动反应的抑制有关。大脑中5-羟色胺浓度低的人容易做出攻击行动。有报告显示，因冲动性暴力行为而入狱的男性，其大脑5-羟色胺的浓度比因非冲动性暴力行为而入狱的男性的要低（内田一成监译《第14版希尔加德的心理学》)。疲劳、压力、人际交往不足等因素都会降低5-羟色胺的浓度。由此可以推断，上网导致5-羟色胺浓度降低的原因恐怕和网瘾造成的压力积聚、亲友人际交往缺失有关。这样的上网行为，不论是在心理层面还是在生理层面，都会增大攻击性。

现在，越来越多的家长让幼小的孩子玩手机。虽然他们可能只是想让孩子玩玩游戏，或是觉得让他们早些习惯网络环境对其未来会有帮助，但他们也必须考虑到沉溺游戏或网络给孩子带来的危险，比如攻击性增强、现实人际关系淡漠，等等。

归宿感缺失导致网络成瘾

每个人身边或多或少会有这样一类人——现实中没什么朋友，不太擅长社交，成天泡在网上。

众多心理学调查研究表明，现实生活中的孤立感和孤独感会催生网络成瘾。此外，社交恐慌也会令人沉溺于网络世界。对存在社交恐慌心理的人来说，与人交往是一件异常费神的事，因此他们更钟情于既能够让心情放松又能与人交流的网络世界。

缺乏现实人际沟通的人容易产生孤立感，并因此觉得没有自己的立身之处。有不少学生，因为学校里没有亲近的朋友，无论走到哪儿都感觉融入不了环境，于是很难鼓起勇气去上学。也有不少上班族除工作之外缺乏跟同事的交流，所以觉得工作间隙的休息时间令其感到痛苦。在他们看来，现实总令其没有归宿感，因此他们渴望沉浸在虚幻的网络世界里，久而久之就形成了网瘾。

本章前文曾经指出，上网会刺激人的攻击性，而现实中的归宿感缺失又会引发网络成瘾，由此可以推断出，现实中的归宿感缺失引起网络成瘾，进而刺激了人的攻击性。实际上，该结论已被心理学调查研究所证实。日本知名的秋叶原杀人事件①的犯人便是因归宿感缺失而沉溺于网络，某天他发现自己的账号被别人盗用并在网络上乱发评论，这令他觉得自己在网络上的归宿也被剥夺，于是心理遭受重创，精神崩溃，最终犯下了不可饶恕的罪行。

对于沉迷网络的人来说，归宿感是如此不可或缺的东西。

---

① 秋叶原杀人事件（东京警方依案发地点称之为"外神田一丁目先路上における无差别杀人事件"，直译即为"发生于外神田一丁目路上的无差别杀人事件"）是日本当地时间2008年（平成20年）6月8日12时30分（UTC03时30分）于东京都千代田区秋叶原所发生的随意杀人事件，犯人为25岁的男性加藤智大，事件共造成7死10伤，是日本30年来死者最多的同类罪案，也是历来出动最多急救队伍的事件。

互联网上的攻击行为会促进
现实生活中的攻击行动

现实生活中经常有人因不擅长与人交往，或者与人交流时畏畏缩缩，从而选择逃避到网络上。正如前文所言，网瘾会造成亲友关系疏远、攻击性增高。因此，本来就不擅长人际交往的人一旦有了网瘾，与现实世界的隔阂就会越来越深。

再者，人际关系的淡漠化和现实归宿感缺失密切相关，而富有攻击性的人又很容易被周围的人敬而远之，导致人际关系淡漠。可见，如果处理不好网络成瘾、攻击性、人际关系淡漠三者之间的关系，就会形成恶性循环。所以，不善交际而逃避到网络上的行为并不值得推荐。

正如第三章列举的几个具体研究实例证明的，"净化说"并不存在，而且恰恰相反，发泄行为不但不会使攻击性降低，反而会导致攻击成为一种习惯，让人的攻击性更强。

由此可以推测，平日里习惯通过网络发泄愤懑和情绪的人，其本就高涨的攻击性并不会因发泄行为而降低，反而会提升攻击性，即越来越想要攻击他人。心理学家藤桂已经证实，在网络上频繁采取中伤行为的人，其现实社会中的攻击性也愈加强化。许许多多的调查结果也都证明，"净化说"同样适用于网络攻击情形——虚拟世界的攻击性发泄行为也会促进攻击行动的发生。

参与互联网骂战的人仅有0.5%

说到骂战，人们的脑海里通常会浮现大众齐聚一堂相互争论的场景。实际上，网络上因评论引发的骂战，其参与者是极少数人。

艺人平子理沙的博客曾被无数留言淹没，一时发展为骂战。但调查证实，如此海量的留言，其幕后参与者仅有6人。关于这件事，平子本人在其博客中有如下评论：

"诽谤中伤一直都有，但由于这回赈灾记事的负面留言实在太多，就调查了一下，结果发现同一IP发送海量留言的情况。此类IP大约有6个。

这说明，这次事件是由6个人不断更改账号在评论板留言，以造成集体骂战的假象。

这些人十分狡猾，在写负面留言的同时也会加些正面言论，注册账号时也区分出男女，此外，他们还写些'我也赞成××说的'等附和性质的意见，假装有无数个人在参与，每个人都显得无所不用其极。留言内容也从对赈灾记事的批判转为对我个人的讥讽，用各种口吻对我中伤了个遍，其中还有人写了超过100句'滚去自杀吧'。"

（2016年4月24日平子理沙的博客）

前文曾提到过山口先生曾进行过一次有关网络态度的调查。事实上，那次调查中，参与者曾被问及是否参与过网络争议事件，结果，在Internet Monitor平台参与调查的19992人中，0.48%的人表示"仅参与评论过一次"，1.04%的人表示"评论过两次及以上"，也就是说，参与过网络争议事件的共303人（约占1.5%），排除网络问卷误差，实际参与者约占总人数的1.1%。

需要指出的一点是，该问题问的是参与者过去是否在网络争议事件中参与评论，调查范围包括截至被问问题时的人生阶段里发生的跟网络争议相关的事，因此，这

1.1%中包含之前参与网络争论，但已经很久没有参与评论的人。

若将时间跨度限制为"过去一年里"，那么将目标锁定为"当前活跃的网络争论事件参加者"，人数仅占0.47%。换句话说，社会上活跃的网络骂战参与者不足0.5%。据统计，骂战事件年发生量为200件左右，照此推测，每次互联网骂战中，真正参与评论的人应该在2000人上下，占整个互联网用户比例的0.0047%（田中辰雄、山口真一《互联网争议事件的研究》）。

不管是从个别事件的角度观察，还是从态度调查的数据来看，参与人数众多乃至引起社会问题的网络骂战，参与者其实只是深陷嫉妒与怨恨、渴望排解愤懑的一小撮人。

对于名人或是企业来说，若出现问题而引起骂战，他们很可能屈服于舆论，出面道歉，或者改变企业方针。实际上，骂战的始作俑者可能只是极少数人，其他绝大多数人并没有对出现问题的名人或者企业有所抱怨。

结语

　　俗话说，"枪打出头鸟"。在"随大流"倾向严重的日本社会，凡事若不谨慎、低调，很容易遭人背后捅刀。所以，我们在为人处世时还是不要惹人注意为好，正如我们常说的，要"真人不露相"。因为在这个社会中，越有能力的人越需要装作无能，越需要学习怎样才能不惹人注意。不得不说，这是一个奇妙的社会。

　　在实力至上的竞争社会，除了一小撮特别有才华的人以外，其他人几乎全都从社会底层开始做起。日本社会却不一样。在日本，就算没有突出才能，只要工作能力和大家差不多，再添加点儿"性格温厚"等讨人喜欢的标签，任何人都能轻易生存下去。而这种暧昧性的评价总是滋养出一些没有能力、专门摆弄卑劣手段的人。这样的现状不禁令人陷入沉思，究竟什么样的社会才是美好的呢？

唯一能够确定的是，要想在现在的日本社会生存下去，就必须对其中的"随大流"倾向有清晰的认识，时刻注意不要被人恶意中伤。尤其是面对当今的互联网时代，遭人暗算的风险与日俱增。

本书给出了一些小提示以帮助各位读者在这复杂的社会中趋利避害，幸福快乐地生活。

最后，再次由衷感谢向我提出本书策划的SB Creative编辑——坂口惣一先生。

2016年7月

榎本博明